自我觉察

领导力提升的起点与终点

SELF AWARENESS

．
．
．

丛龙峰

[美] 张伟俊　著

机械工业出版社

China Machine Press

图书在版编目（CIP）数据

自我觉察：领导力提升的起点与终点 / 丛龙峰，（美）张伟俊著 . -- 北京：机械工业
出版社，2022.3（2024.6 重印）

ISBN 978-7-111-70258-0

I . ① 自… II . ① 丛… ② 张… III . ① 自我管理 - 通俗读物 IV . ① C912.1-49

中国版本图书馆 CIP 数据核字（2022）第 036788 号

自我觉察：领导力提升的起点与终点

出版发行：机械工业出版社（北京市西城区百万庄大街 22 号 邮政编码：100037）

责任编辑：杨振英   责任校对：殷 虹

印 刷：三河市宏达印刷有限公司   版 次：2024 年 6 月第 1 版第 8 次印刷

开 本：170mm×230mm 1/16   印 张：16.5

书 号：ISBN 978-7-111-70258-0   定 价：79.00 元

客服电话：（010）88361066 68326294

献给那些勇于攀登高峰的企业家们

领导的责任在于为众人在迷途中引领方向。这方向是对是错？是迫于外部压力的妥协，还是心中执念的坚守？是基于众人利益出发，还是个人私利的驱使？是深思熟虑的结果，还是一时的心血来潮？这一切，众人无法知晓，只能依靠领导者的自我觉察。

这本书超越了以往领导学偏重维度构建和素质测评的窠臼，以自我觉察能力为核心，探讨了从管理者转变为领导者面对的一系列内心修炼的考验，值得所有负有领导责任之人深读自省。

——杨斌

南开大学商学院教授

每年与伟俊续签一次教练服务合同，同样的动作我已经重复八次了。回想起来，当初请伟俊来晨光，主要还是出于好奇的心理。没想到"蜜月期"后，就开始难受了。到第四年要续签合同时，我感觉自己几乎要崩溃了，那时我特别想对伟俊说："你走吧，老子不用你了！"但看看合同内容，感觉他又是按照我们当初的约定来做的，好像也找不到他什么碴儿，所以话到嘴边，又收了回去。咬咬牙，再熬了两三年之后，不知怎么的，我感到我们的合作好像变得顺畅起来了。这是因为我的领导力提升了，成了一个优秀的总裁，还是因为伟俊的服务能力提高了，成了一个出色的教练？还真有点不好说，可能他和我都有进步和成长吧！

我同意书中所说："领导力人人可学，但无人可教。"然而，在学的过程中，让一个人来陪伴你，经常提醒你"走出舒适区"，或许是明智的。

——陈湖雄

晨光文具（603899）创始人

说我是伟俊先生最长教练的学生，恐不为过，从 2005 年开始的私人教练，到成为伟事达私董会 001 组的第一位成员，已有 17 年了。刚开始时，总觉得要学习"知识"，私董会要寻找"机会"，交流"方法"。但一段时间下来，就会发现并不管用：身边的一切"发生"，尤其是那些困扰自己的，还是一再"发生"，并没有改变多少。

好在教练是一个有耐心的好人，他和现实中的各种"发生"一样，一遍又一遍地向我发出"改变"的邀请。而每当自己改变后，又会有及时的提醒，以及组员间直截了当的棒喝：还早着呢，改变自己是个没完没了的过程！

可能这就是人生吧，企业家和普通人一样，觉察自己才真正是"修"，而不断觉察，不断付诸改变，才真正是"行"。

——陈劲松

世联行（002285）创始人

我和两位作者认识近 10 年了，每年都会有三五次深入的交流。本书体现了他们对民营企业家的细致观察和对领导力的深刻研究，是领导者自省自知的最好的指导书。

——崔维星

德邦股份（603056）创始人

自我觉察，是行动的基础，是解决难题的起点。本书把张伟俊老师、丛龙峰博士两人多年来对我提升领导力的启发，发挥得淋漓尽致：观点犀利、通俗易懂、代入感强。是让不同行业、不同岗位的团队一把手通过"自我照镜子"提升领导力的好书。

我睡前有看书的习惯，一为学习，二为助眠。这本书对我而言最麻烦的是，唯独看完它之后，心情比较激动，睡不着，睡不深，边睡边做梦，做怎么做领导者的梦。

——廖创宾

潮宏基（002345）创始人

古人云"人贵有自知之明"，可见自我觉察有多难！有幸遇到伟俊，我在伟事达私董会 001 组已经待了 10 年有余。同学们就像一面面镜子，逼迫我不断地在自我觉察方面下功夫。前两年我经历了人生的一次重大挫折，但最后还是走了出来，这说明平时的修炼在关键时候能起非常大的作用。《自我觉察：领导力提升的起点与终点》这本书，就像一面可以随身携带的镜子，读者经常拿出来照照自己，一定会受益无穷！

——陆挺

金轮股份（002722）创始人

读这本书有点不爽，准确地说有点痛。原本每天在自己的天地里意气风发，指点江山，烦心的就是我有那么多英明决策，为啥团队总是不给力，为啥我总是看不到大将人才，为啥我不参与事情就干不好。随着向后翻看这本书，我有点不安了，难道是我的错？不应该啊！我创立了企业，我带领企业开创了一片天地，我错了？？？

看完一次不甘心，又看了一次。也许我真的需要做出改变，没错，必须要改变自己。虽然让我感觉不爽，甚至有点痛，但理性告诉我，我要感谢让我不爽和痛的人——伟俊和龙峰，他俩老少合作，用真诚和心血为创业者和企业家带来一剂有助于成长的苦"心"良药。

——马存军

慧择（HUIZ）创始人

很感谢五年前，伟俊能让我作为唯一的外企职业经理人加入伟事达私董会001组。在过去的五年里，在给这些同学照镜子的时候，反射出自己身上的盲点和缺点；从同学们的成功和失败中，对比出自己的差距。领导力的成长是一个孤独的过程，我个人的骄傲和我过去的成绩让自我认知变成了最艰难的一步。有着一些懂我的教练和同学的相伴，能打破这些局限，让我有勇气去面对自己，也让我有信心去不断扩大自己的管理范围。

这本书可以陪伴你的领导力旅程，也可以帮助你照一下镜子。无论你是董事长还是职业经理人，希望大家能和我一样享受书里的这些领导力的盛宴，祝福我们作为领导者，能够引领众人去未知的地方。

——张轶昊

GE 医疗中国总裁兼首席执行官

这是一本很有"体感"和画面感的有关领导力提升的书，能很快带你置身其中，照见自己且触动你去深度思考和反思……

——竺兆江

传音控股（688036）创始人

管理是一门科学，更是一门艺术；是理性的推演，也是感性的凝聚；它要求管理者会外观，更能内省。丛龙峰先生在为企业做顾问的过程中，睿智思辨，精进实践，很多大胆的想法从各类企业组织中来，又通过系统思考和提炼回馈到企业组织中去。我很感激有这样一位良师益友引领和伴随我们创业者飞奔、成长。

——张晓慧

张拉拉兰州手撕牛肉面创始人

你觉察到自己的不足了吗

　　转眼我跟伟俊认识六年了。六年前，我们就想合作一本有关领导力的书。如今，它终于可以跟读者见面了。

　　现在市面上关于领导力的书有很多，但大多数集中于对三类问题的探讨：领导者特质、领导者行为，以及不同领导风格与类型的适配度。不过在我和伟俊看来，领导力提升一事，关键仍在于领导者的自我觉察，否则任何外围的努力终究都是徒劳的（见图0-1）。

　　不经历自我觉察，领导力便提升不了。我相信，许多做过领导的人都对此深有体会。但遗憾的是，在研究领域此事并没有得到足够的重视。这也是我们在六年后，仍要把本书拿出来的重要原因。

图 0-1　领导力研究的相关主题

关于我和伟俊

对我来说，伟俊是个很不一样的人。很少有人能在领导力领域保有如此持久的激情，但毫无疑问，伟俊做到了。

即便放到现在，专职从事"总裁教练"工作也是一件稀罕事，但伟俊从 2005 年就开始这么做了，一做就是 16 年。2010 年，他又将私人董事会[⊖]技术引入中国，并发起了国内第一个私董会小组——伟事达 001 组（后文简称"001 组"）。如今，这个小组已经运营到第 11 个年头了，其间尽管有老组员离开、新组员加入，但这个小组一直存续至今。

伟俊今年已经 66 岁了，仍活跃在企业一线，日程表经常排得满满的。他其实什么都不缺了，但他真的很关心人，乐于成就人。他曾经服务过万科、TCL、美的、联想……如今，他开始给一些"80 后"甚至"90 后"的新生代创业者提供辅导。

⊖　私人董事会（简称"私董会"），英文是 peer advisory group，是一种企业家互相学习、交流与社交的模式。私董会以小组形式存在，15 人左右一组，成员相对固定，由相互间没有竞争关系，但经营规模类似的企业一把手构成，配有一至两名教练。一般平均每月活动一天。伟事达公司是该模式的开创者，自 1957 年开始运营私董会，至今已有 60 多年的历史，为全球数万名企业家和 CEO 服务。2009 年年底，张伟俊教练与十多位企业家一起，建立了伟事达私董会中国 001 组。

伟俊就像是中国版的比尔·坎贝尔。坎贝尔是众多硅谷公司（如苹果、谷歌、亚马逊、Facebook 等）背后的教练，同样地，在不少中国企业家的背后，也有一个张伟俊。

伟俊对我来说扮演着多重角色，他是我的老师、教练、半个搭档和一个极为重要的忘年交。

最早，伟俊是我的老师，是他把我领进领导力的大门的。我对领导力领域诸多问题的理解，深受伟俊的影响。⊖后来有整整一年时间，他每月都会给我打几个电话，事实上充当着我的教练。再之后，随着我的主要精力转移到给企业担任常年管理顾问，在某种程度上，我和伟俊就成了合作伙伴。我从伟俊的私董会上认识新的朋友，并把与我要好的企业家介绍到 001 组。我和伟俊共同服务过两家企业，我专注于组织管理，而他着力于领导力。

伟俊说，"理解他人是要豁出性命的事"，这句话对我影响很深，而且至少在我认识他的这些年里，他是这么说，也是这么做的。我也想借这本书，把我们对于领导力领域的理解，更完整地呈现出来。

本书整体定位

本书的书名是《自我觉察：领导力提升的起点与终点》，这本身便表明了本书的整体定位、研究视角，也是本书的内容概要。

首先，本书探讨的问题领域是"领导力提升"，而非"领导力"。领导力注重医理，但领导力提升旨在临床。换言之，本书重视的不是

⊖ 伟俊比我年长 29 岁，因此，我更习惯称呼他"伟俊老师"和"您"，但几乎每次都要被他纠正过来，他还会微笑着调侃我："你觉得我很老吗？"于是时间长了，朋友们便更多地称呼他"伟俊"，而且也不是"张伟俊"，似乎只有"伟俊"二字才能传达出他给人的那种亲切感。伟俊是个相当没有架子的长者，特此说明。

你如何认识领导力，而是你如何提升领导力。

现在随便翻开一本领导力图书，总是有八条、十条，甚至更多的领导力准则。人们记不住，也做不到。只是当时看着激动，想想感动，回头就一动不动了。我们实在不想这么干了。

本书对"领导"一词的定义是"引领众人去他们从未去过的地方"，[○]并在此之下，引申出三个必要的动作：① 指明方向；② 影响众人；③ 以身作则。

"指明方向"与"从未去过的地方"有关，与事相关。"影响众人"与"众人""他们"有关，不是自己一个人想去，而是一群人都愿意去，与人相关。"以身作则"与"引领"的能力相关，与自己有关。如果领导者不能做到以身作则，那么其他一切就被一齐放倒了。

本书认为，领导力最关键的就是做好这三件事。少一条也不行，多一条也没有了。哪怕一个团队再小，其负责人也必须做好这三点，而哪怕一个企业再大，如果它的最高领导者做不好这三点，领导力也是一定要出问题的。

其次，最为重要的是，本书极为强调"自我觉察"的重要性。领导力的提升必须经由自我觉察。没有自我觉察，知道再多的领导力理论，领导力也终究提升不了。

我和伟俊都做过研究工作，也都当过一把手，现在的日常工作就是跟企业家和高管打交道，等于说在甲乙双方之间切换过视角。因此我们都很清楚，别人的故事再精彩，道理再多，听过了也就听过了，只有自己经历的人生才会穿心而过。"听过"和"穿心过"完全是两码事。只有你自己当过一把手，才有可能学会怎么当一把手。

○ 相应地，本书对"领导力"的定义便是"引领众人去他们从未去过的地方的能力"，即领导是一种行为，而领导力是一种能力。

但问题是，人们不是在工作中进步的，而是在反思中进步的。工作经历并不等于工作经验。领导力提升这一主题，它真正的麻烦之处在于，人们常常不知道自己不知道。

当个人难以觉察到自我时，教练便要发挥作用了。我和伟俊共同经历过一场私董会，某企业的一位总裁对自身能力十分自信，但直到伟俊主持这场私董会，把所有核心高管聚在一起，把问题摊在桌面上，把问题谈透，进行一轮一轮的匿名投票、打分和较量，这位总裁才最终有所反思，意识到自己原来做得没那么好。

这种帮当事人建立起自我觉察的过程，通常并不容易。因为一个人的缺点往往是其优点的过度放大。但正因为他在这方面强，他才变得盲目。你怎么能让一个强人在他如此自信的地方，觉察到自己的不足呢？

我后来才意识到，这就是伟俊这些年热衷于召开私董会的原因。他一定要营造一个足够安全的场域，在这个场域中把自己彻底变身为催化剂，通过不断"煽风点火""挑拨离间"，把一场私董会中"案主"的问题充分暴露出来，让这些问题成为一面面光亮的镜子，让参会的每个人都能在镜子中找到自己的影子，进而意识到自身的不足。

至于这些问题是什么，各自又意识到了什么，并不是伟俊关心的重点。重要的是，私董会是一个很好的工具，它能够更快、更妥善地帮人们建立起自我觉察，而这是提升领导力的必由之路。

最后，本书认为，"自我觉察"既是领导力提升的起点，也是其终点。这可能不符合许多读者的预期，"起点"是容易理解的，但为什么也是"终点"？在我和伟俊看来，只要让领导者意识到自己的不足，他自然会想办法去解决。对教练来说，问题已经结束了，多一步都没必要去做。

随着我去年也开始给创业者当教练，我进一步意识到，伟俊对分寸感的把握是对的，只要帮一把手建立起自我觉察——这是最难的，剩下的问题就会迎刃而解。许多一把手都绝顶聪明，他们不是傻瓜，他们比我和伟俊聪明得多。

事实上，在当今这个移动互联网时代，我们对许多问题的解决都不缺方法，也便于找人取经，但许多时候，能否产生自我觉察便决定了我们与方法之间的距离。

本书结构安排

我和伟俊不想回避的是，本书的确是两个人的合作，而非合著。两位作者在对内容的贡献上，不是一主一辅的关系，而是分头完成了各自的工作，最后合在一起形成本书。

本书的第 1 章、第 2 章由丛龙峰执笔；第 3～5 章的每一小节都是张伟俊的作品，但每章起始部分的导语是丛龙峰写的；[⊖]丛龙峰写了本篇序言，而张伟俊写了跋。但整本书有一条一以贯之的逻辑主线，即"自我觉察"，也是领导力提升的前提与归宿。

第 1 章是全书的总括，由三部分构成：首先给出对领导问题的定义，并提出具备领导力最关键的是做好三件事；其次谈到"真正的改变只能从内心开始"；最后提出一个观点，即"人的成长也好，企业成长也好，要想取得实质性突破，都需要勇敢地走向自己的反面"。

⊖ 第 3～5 章中的大多数内容，此前在《财富》（中文版）发表过，几乎每一小节都复现了一个当时真实存在过的教练场景，但也有许多内容是专为本书而写的。好在涉及领导力主题的文章，一般不会有太强的时效性，反倒是伴随着企业成长，不同领导者要面临的挑战经常是相似的。本次我们对每一小节都进行了重新编辑，以使其有更明确的结构性。关于每一小节的出处，本书将在结尾处做出说明。

第 2 章是对领导力提升问题的理论综述，但有意将理论框架打散，而最终呈现出 15 条认识。这是因为在我看来，很少有一把手是按照理论框架行事的，因此大可不必严丝合缝，但希望这 15 条认识中，至少有 1～2 条能给读者以启发。

第 3～5 章，从结构上分别回应了第 1 章的"真正的改变只能从内心开始"，以及"反求诸己与自我突破"。[⊖]其中的每一小节都有具体的情境，以及教练与一把手的互动，希望读者在阅读这部分内容时能更有代入感，收获一份自我觉察。

我和伟俊都认为，由我俩作为一对组合来完成本书是更为合适的。我们相互理解，但又各自不同，以使得本书能在理论与实践、抽象与具象、锐气与通达之间取得一种平衡。

这本书本该在 2015 年就拿出来，后来因为我在公司的事务过于繁忙而被搁置；2017 年被再次提上日程，但再度中断；此番终于要跟读者见面，恐怕得等到 2022 年春天了。

不过这些年下来，我对本书的内容却更有信心了，不因为别的，只因为它最先帮到了我，帮我提升了领导力，我才更有把握将这些内容呈现在各位读者的面前。我非常感谢伟俊，伟俊帮我完成了对领导力领域的开启。如果不是因为遇到伟俊，我这些年不会有这么快的发展，更不会给创业者做教练。

需要指出的是，由于我和伟俊的日常工作主要是跟企业家打交道，因此，本书在谈及领导问题时，经常是以企业家群体为蓝本的。

⊖ 更准确地说，第 3 章主要回应的是"勒紧成就动机，发挥影响动机"，即动机理论；第 4 章主要回应的是"先领导自己，后领导他人"，即情商理论；第 5 章主要回应的是"反求诸己"。同时，几乎每一小节都可以看作对"人因触动而改变，不因知道而改变"这一观点的注解，因为最终的目的是一致的，那便是帮助领导者实现自我觉察和自我突破。

但我们也希望，本书对涉及领导问题的阐释，能对处于不同岗位的领导者，即只要你是团队中的一把手，都有所启发。

本书的策划编辑在读完初稿后跟我说，无论其他人怎么想，至少书中的许多内容对他带团队是有帮助的。我想这就够了，那真是一个令人由衷感到欣慰的时刻。

事实上，我和伟俊做教练时，也会一直期盼当事人的那个"顿悟时刻"，那一刻，他终于产生了自我觉察，开始要行动起来。因此，我们并不期待读者能从本书中记住什么，我们祝愿读者能有所触动，有所改变，最终领导力有所提升！

丛龙峰　管理学博士

和君商学首席管理学家

2021 年 7 月于南开园

|CONTENTS| 目 录

领导力人人可学，但无人可教

为了弄清楚领导力到底该怎么学，我们首先有必要问：领导力是一门怎样的学问？

领导力是一门"事后"的学问。没有谁是学了领导力理论后就会当领导的，反倒是当了领导之后，才发现领导力是需要学的。

就像你看了再多的育儿书，不自己当一回爹妈，许多事就还是没体会，所谓"养儿方知父母恩"。

从这个意义上，我和伟俊这本书讲的不是"恋爱故事"，谈的主要是"婚后生活"。我们关注的不是领导力理论，而是领导力提升。

领导力是一门"人间"的学问。很大程度上，领导力 = 影响力。这种影响力总是发生在人与人之间，故称"人间"。如果一个人无法对其他人产生影响力，那么他便无法胜任领导工作。

经常可以看到这类现象：对于一个团队，任务没有变，人员没有变，甚至工作流程也没有变，仅仅是换了一个领导，整个团队的状态就完全不一样了。那便是领导力在发挥作用。

人们在一起做事，不光是为了"做事"，也是为了"在一起"。许多不成熟的领导常常执迷于事，但往往事后才发现，真正重要的问题全都与人有关：大家愿不愿意听你的？愿不愿意跟着你干？愿不愿意成为你那样的人？这些全是领导力的问题。

领导力是一门"自觉"的学问。除非领导者说出那句，"我知道自己的问题在哪里了"，否则，就算其他人有再多抱怨、批评、建议，实际上也统统没用，如果他意识不到自己的问题，他是听不进去的。

"自觉"一词语出《孔子家语·致思》，"吾有三失，晚而自觉"，说的是我有三大过失，到了晚年才有所觉察。"吾日三省吾身"，圣人尚且如此，何况普通人乎？

从这个意义上，领导力提升可以与任何事都无关，但必须与"自我觉察"有关。否则，即便你知道再多的领导力道理，自己也不会做出改变。就像几乎每个人都知道，减肥就要"管住嘴，迈开腿"，但有多少人真正付诸实施了呢？

现在市面上关于"领导力是什么""领导者做什么""领导者长啥样"的研究太多了，甚至有些过饱和了，但关于"领导者自我觉察"及"领导力如何提升"的著述，依然太少，这便很容易导致一种结果：到处都贴满了减肥清单，但满大街都是胖子。

在领导力这门学问中，**真正重要的不是 Knowing（知识）、Doing（技能）、Being（品格），而是 Becoming（如何成为）**。因此，与帮你建立新知比起来，本书更在意的是令你有所觉察，然后行动起来！

领导力人人可学，但无人可教。重大的领导力提升必经历一场自我证悟，它是一个实证实修、反求诸己的过程。其他人的作用至多是辅助，关键仍取决于你自己。

以下，欢迎你与我一起，开启领导力提升之旅！

1. 领导力最关键的是做好三件事

首先要对"领导"一词的含义做一下澄清。它经常跟"管理"一词搞混。例如，所有的领导都要从事管理工作，而所有的管理者也都要有领导行为。许多场景下，管理者与领导者表达的就是同一个意思，可以互换使用。那么，何谓领导？何谓管理？

关于"领导"与"管理"之间的区别，许多教科书都喜欢按照表 1-1 的逻辑，罗列出许多条目进行比较，但在本书看来，我们有必要从词源本身出发，从根本层面把握住这两者之间的差别。毕竟，这本来就是两个不同的词、两个不同的概念。

表 1-1　管理行为 vs. 领导行为

管理行为	领导行为
制订计划和预算	设定方向
组织和调控人员	团结成员
控制和解决问题	激励和鼓舞
短视的	远视的
集中于系统和结构	集中于人
询问如何和何时	询问什么和为什么
复制和模仿	起源与创造
维持	发展
正确地做事	做正确的事

这是本书的一个研究认识：**当问题研究不清楚的时候，回到事情开始的地方**。就像对"领导""管理"这两个词的比较，归根到底去看，回到最初产生这两个概念的地方，许多问题就变得一目了然了。

manage（管理）的词源是"manus"，意思是"手"，指的是用手处理事务，使之井井有条。

lead（领导）一词来自印欧语系词根"leith"，意思是"跨越界限"。那便是说，领导意味着改变现状，去到别的地方，而管理是基于现状，让复杂的事物处于一种有序的状态。

从词源本身出发，这样的界定可能让人永远都忘不了，也很难再把它们搞混了，因为这就是两个不同的概念，含义也不一样。

由此，**本书对"领导"的定义是"引领众人去他们从未去过的地方"，而"管理"则是"对有限资源的有效利用"**。[⊖]

当我们说，一家企业尚未进入管理状态时，此处的"管理状态"实际上指的是各项活动的有序运作。而"领导"没有这样的含义，它更多指向对未知世界的探索，例如说，领导者是领航员，是头雁。

需要着重指出的是，"领导"是"引领众人去他们从未去过的地方"，这个地方领导者自己也从没去过。如果去过的话，领导干的就是导游的活，但领导的工作更像是探险。

从"领导"一词的定义出发，本书提出，发挥领导力最重要的是做好三件事：① 指明方向；② 影响众人；③ 以身作则（见图 1-1）。

"指明方向"与"从未去过的地方"有关，与事相关。"影响众人"与"众人""他们"有关，不是自己一个人想去，而是一群人都愿意去，与人相关。"以身作则"与"引领"的能力相关，与自己有关。如果领

⊖ 相应地，本书对"领导力"的定义便是"引领众人去他们从未去过的地方的能力"，即领导是一种行为，而领导力是一种能力。

导者不能做到以身作则，那么其他一切就被一齐放倒了。

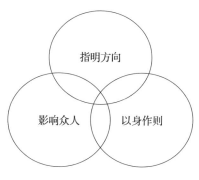

图 1-1　领导力三要素模型

切实做好这三件事，是由领导者、一把手自身所要履行的责任决定的，三者缺一不可。

无论你是一个大企业的领导者，还是团队负责人、部门长官，要想发挥出领导力，都离不开这三条。这三条也无法再精简了，少一条则不完整，多一条也没必要。如果一位领导者的领导力出了问题，通常就是其中的一条或几条出了状况。

指明方向

这一条看似天经地义。恐怕没有谁会否认，"指明方向"是一把手不可推卸的责任。但你真的会指明方向吗？不妨看看表 1-2 中的测试题——

表 1-2　关于"指明方向"的问题清单

问题 1	5 年后，我们还会主要从事当前的业务吗？为什么？意义何在？有别的考虑吗？ 10 年后呢？
问题 2	5 ～ 10 年后，本公司在行业中的地位如何？这是幻想、梦想还是理想？有战略构想吗？有实施路径吗？

（续）

问题 3	我们为什么有今天这几块业务？这几块业务符合宏观上的发展思路吗？业务之间有协同效应吗？
问题 4	本公司的业务受到新技术、新趋势的冲击了吗，例如移动互联网、新零售、工业 4.0 等？我们需要转型吗？需要变革吗？或者，持续改进才是我们应采取的发展思路？
问题 5	如果分别就上述问题——访谈公司内最重要的 10 ～ 20 名管理人员，大家的回答会基本一致吗？如果是的话，便可以认为本公司是有"方向"的。

表 1-2 中的最后一条至为关键。即便前四条全部通过，都得满分，但只要最后一条通不过，我们就仍然有理由认为，领导者在"指明方向"上做的是不够的，甚至是不及格的，因为方向并未被指明。

把方向性问题想清楚，可能是老板一个人的责任。但把方向指明，却是一种领导行为。有的老板认为，方向就是老板一个人的事，大家跟着干便好了。但倘若问到"如果让下属们对方向性问题做到心中有数，执行力会不会更高呢"，恐怕很少有人会给出否定的答案。

有意思的是，在实践中，倘若不经历测试，很少有人一开始就承认自己在"指明方向"上做得不够好。领导力常常是这样一类问题：没有谁认为自己做得已足够好，但也没有谁愿意承认自己不行。

领导者认为自己没问题，但其实是有问题，背后常常是因为下述三种情况所导致的。

情况 1：最常见的，领导者认为下属已经对方向性问题足够清楚了，但事实上，这很可能高估了下属的理解力和自己的沟通力。

我做过很多次这种实验，例如，让老板写下公司未来 3 年的发展方向，然后给老板的直管人员，比如 7 个人，每人发一张白纸，同样也让他们写下公司未来 3 年的发展方向。答案通常是对不上的，老板和下属对不上，下属之间也对不上。那么，等执行起来的时候，怎么会不出问题呢？这等于说是蒙着眼打仗，大家各有各的方向，力量拧不到一块去。

人们常说，企业内有"部门墙"不好。但部门墙的问题不是由部门引起的，企业要想高效运作，就免不了部门分工。导致部门墙的原因有很多，其中对整体方向没有建立起共同的理解，依然是很重要的一条。如果公司的大目标不够大，各部门也搞不清楚大的目标是什么，那就只能去发展各自部门的小目标，小目标就会变得很大，部门本位主义的思想就开始出现了。其根源问题依然在老板身上——没有充分指明方向。

方向问题往往是第一位的。许多协作层面、执行层面出的问题，根本原因经常要在方向问题上找。例如，执行力出了问题，通常不是因为人们不知道怎么做，而是因为他们不知道为什么要这样做。

情况 2：领导者认为，战略问题无须达成共识，战略主要就是老板一个人的事，其他人做好执行就够了，但事实上，往往就是这类公司最容易出战略性问题了。

在这类公司中，老板通常都是说一不二的。战略会进行到最后，老板问：大家有没有不同意见？高管们面面相觑，或是低头玩手机，无人应声。但只要离开这个会议室，不同意见就冒出来了。各自开小会的时候，不同意见更多，只是不敢让老板知道。

这类老板通常骨子里是很傲慢的，因为他们把自己看成跟别人不一样的人，更直接地说，企业家比普通人更高明。但凡有了这种心态，常识感就很容易逐渐丧失，决策的信息雷达就开始变得不准了。但麻烦之处也正在于此，因为傲慢的人，自己看不见。

在这样的公司中，很难有真正意义上的管理沟通。即便有战略宣导会，更多的也只是演讲，而非对话。即便偶有争辩，得到的也只是被说服。企业衰败的种子便就此埋下了。回头看，大多数企业都不是在市场上被竞争对手打败的，而是被自己打败的，败在了指挥室里。多少伟大的企业，最终都死于傲慢。

古语说，"众谋独断，详虑力行"。遗憾的是，现实中的情况却常常是这个样子：既没有"众谋"，也没有"详虑"，甚至还没有"力行"，有的只是"独断"。

我不是想刻意强调战略共识的重要性。比如，企业是否一定要召开战略共识会？那倒不一定。我想强调的是，即便领导者认为自己已经指明了方向，但只要其下属骨子里对该方向不接受、不认同，那么该领导行为便是失效的，方向依然未被指明。如果是老板想要强行达成共识，那么，这个欠账就迟早是要还的。

情况3：方向未被指明，不是话没有说清楚，而是事没有想明白。因此，这表面上看似是一个沟通问题，实际上是一个战略问题，即战略需要进一步地清晰化。

我见过不少这类老板，他们往往颇具雄心，很有情怀，做企业也富有使命感，但容易犯的一个毛病是思路过于宏观，导致"战略使命化"，缺少的是"战略路径化"。因此，公司里一说大的方向，全都对，所有人都认可。但问题是，眼下不知道该怎么干。

我想强调的是，"指明方向"中的"方向"，指的是"方向性问题"，或称战略问题，而不只是"宏观方向"。在此，本书要对企业中的战略问题下一个定义：**战略是对方向、节奏与力度的选择，三者缺一不可**。有时候，对于战略方向的正确与否，反倒是容易达成一致的，即大家都意识到这是个机会。但对于实施路径、节奏与力度的把握，往往才是取胜的关键。

换言之，往哪走？怎么走？什么时候该走快些？什么时候则需放缓？这些问题都要想明白，说清楚。

显然，不同的领导者有不同的擅长项，例如，有的擅长业务，有的擅长管理。擅长内部管理的领导者，有时觉得自己只要找对人，搭好组织结构，做好激励政策就足够了，所谓"用人不疑，疑人不用"，把业务决策权也交给对方好了，但实际上，大是大非的问题只能由一把手拍板，而不能委托给任何人。

像"我们到底要成为一家什么样的公司"这样的问题，最终必须要由一把手来给出答案。作为一把手的你，千万不要放过这个问题，因为这个问题终究不会放过你。

小结一下——

关于公司的发展方向，领导者想清楚了没有？说清楚了什么？有没有让大家参与进来？

领导者真的把方向指明了吗？还是老板个人有方向，整个公司没方向，方向只在老板的肚子里？

领导者的第一要务便是指明方向，这比做任何具体的事都更重要，因为只有你是一把手，是举火把的那个人。公司的目标、方向必须要像水晶球那样，擦得亮亮的，举得高高的；要像灯塔一样，让所有人一抬头就能看得见——看，那就是方向！

影响众人

企业中的道理便是这样，大家都是奔着做事业而来的，但这摊事业能否长久，却在很大程度上取决于人，取决于人与人之间的关系。成熟的领导者通常非常清楚：**要做业绩，先做团队。**

在领导力三要素中，"影响众人"居于承上启下的位置，它所关心的是领导者对人情世故的把握，关乎领导者的人际影响力。

快来给你的影响力打个分吧（见表 1-3），看看是否已足够优秀？

表 1-3　关于"影响众人"的问题清单

问题 1	公司内最重要的 10 ～ 20 名管理人员，他们真正认同公司发展的方向吗？
问题 2	他们嘴上说的和心里想的一致吗？他们"心往一处想，劲往一处使"吗？或者他们真正同心同德、齐心协力吗？
问题 3	一年中，作为企业家、一把手，你与公司内这最重要的 10 ～ 20 名管理人员，分别交谈过一次、两次或更多吗？你真的了解他们的心理动态吗？反过来，他们了解你的理想、兴奋点和疑虑吗？
问题 4	公司最重要的 10 ～ 20 名管理人员身上有鲜明的"本公司烙印"或"一把手烙印"吗？或者说，这 10 ～ 20 人身上能集中地体现本公司的文化特色吗？若是，这些"烙印"和"特色"是什么？

此处的测试应该比上一个来得容易，至少不会出现"指明方向"测试中的一键归零了。

某种程度上，对于带兵打仗的人来说，就是要通过别人去拿结果。让领导者承认自己对他人没有影响力，恐怕是一件太让人难为情的事！

重要的是，关于人际影响力的问题，不是有无之争，而是程度之别，你永远都无法得满分，永远都有可提升的空间。

不过，领导者要想让自己的人际影响力上一个台阶，常常非要改变一些过去的思维惯性、行为惯性不可。首先要在认知假设层面闹革命，充分意识到问题的重要性，然后再以新的习惯替换旧的习惯，把新的行为方式固化下来。否则就有可能导致，每天都在做同样的事情，却期待有不同的结果，但那是不可能的。

如果不能在下述三种认知假设层面做出调整，就很难指望一位领导者的人际影响力水平能达到较高段位。

认知假设 1：领导者与成员间的关系，到底是你在上面，他在下面，还是你打内心深处认为，你们两者之间是平等的？

所谓"官大一级压死人"，职级本身就是威权，具有一种强制力。身居上位者很少有人承认自己在心态上也是居高临下的，但下属们却很清楚：哪位领导是真的平易近人，不把自己当回事；哪位领导总是习惯性地强制你认同他，那些表面上的谦逊不过是摆摆样子罢了。

权力不等于影响力。不是说你身居高位，人们就自然服从；不是说你身居高位，你就能掌控一切；不是说你成为领导之后，就可以无拘无束。职位是内部给定的，但真正为你赢得尊重的是你的行为。

权力是一种 position power（职位权力），而真正的领导力却主要是一种 personal power（人与人之间的权力，或称人际影响力）。越是在那些好的企业里，人们越是感受到自己是在跟人打交道，而非与制度相处。

德鲁克对领导力是否有效，有一个简单的描述，或者说衡量：离开一家公司时还有多少人愿意追随你？从这个角度，领导者不妨想一想，你的人际影响力足够吗？

认知假设 2：领导者与成员间的关系，到底是你是对的，他是错的，还是你可以首先承认，对方可能是对的，是有道理的？

领导者需要经常警惕一种先入为主的心态。把评判心放下，先去试图理解对方心中的公式。

领导者与成员间沟通不畅，如果站在第三方视角观察便会发现，双方各执一词，事实上是鸡同鸭讲：一方讲的是十进制下的道理，另一方说的是二进制下的逻辑。此时的沟通便最没有效率了，常常需要退后一步，先在假设层面达成一致。

其实朋友之间相处也是这样。如果只在自己的立场上想问题，就永远都觉得真理在自己这边，真理与我同行。只有首先假定对方可能是有理的，才有可能看到另一边的道理。

人们常常对自己的人际理解力有一种"理性的自负"，但实际上，每个人的同理心都十分有限。有的领导者常喜欢跟下属讲，"我知道你是怎么想的"，但很可能是"你不知我，我不知你"。只有下属说出那句"你真理解我"，才是对你领导水平的最高肯定。

换位思考，下属需要的不是领导一遍遍地说"我是这样考虑的"，他需要的是领导真正设身处地地站在"如果你是我"的角度上来想问题。同理心不是"我懂你"，而是"我是你"。

领导者想要滔滔不绝地自我表达，太容易了，分分钟就办到了，但是你真的懂得倾听吗？领导者想要在下属面前逞强，太容易了，但是想拥有一种"守弱"的心态，却很难。如果领导者经常觉得自己是对的，而别人总是错的，很有可能，这并非说明你的领导力很强，而是在预示你的领导力恐怕要出问题了。

领导者如果总认为自己是对的，实际上是带领不了一流人才的，因为他可能比你更需要得到尊重，甚至无论道理是不是真的在你这边。

有时候，领导者就是要放下自己的虚荣心，去满足下属的虚荣心。这不是由个人好恶所决定的，而是由领导行为的有效性所决定的。只要你是领导者，就常常要面临这样的处境，并必须处理好这类问题。

认知假设3：领导者都会说，"把人当人"，而非工具。但一回到业务场景，就把人当成了工具人。对此，你到底怎么看？

人际影响力的前提是人际理解力。要想提升人际理解力，便要对个人在组织中的需要有所理解。

在组织行为学看来，个体在群体中的心理需求主要有以下五种：安全感、公平感、成就感、归属感、危机感（见图1-2）。领导者不妨自检：员工的需求在你这里得到满足了没有？

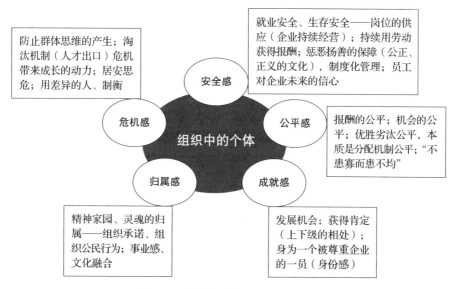

图 1-2　个体在群体中的心理需求

在商言商，工作就是工作。但是对人来说，工作的意义就不再是工作本身了。工作也是一种生活，我们一天中精力最充沛的时光往往是在工作中度过的。同样地，与个人生命质量息息相关的成就感、归属感，也往往要在工作中获得。

因此，领导者在给人安排工作的时候，更多看到的是工作本身，还是工作背后的人？这看似是一个微小的差别，但往往体现着领导力水平的质的不同。有时候，领导和领导之间就差了那么一点点，但是在他们各自的领导下，组织与组织之间的气质就差出去好多，最终的结果可能有天壤之别。

阿里巴巴有一个管理理念，叫"借假修真"，我很欣赏。其对应的真假之辨是：业绩成长是假的，团队成长才是真的；团队成长是假的，只有团队中的个人成长才是真的。这便是说，管理的核心在于成就员工。最终的一切都要回归于人。人是原因，也是答案。

领导者不妨扪心自问三个问题：① **你爱你的团队成员吗？** ② **你的**

爱他们感受到了吗？③ 你的爱有效吗？我相信，连续追问下来，许多事关"影响众人"的答案也便找到了。

另外，更新认识是容易的，但要让人的行为习惯发生转变却是艰难的，常常要诉诸制度化手段，以形成新的习惯。

比如，我打过交道的一位老板，他明明已经意识到了，要把更多的时间花在团队上，尤其是对他的每一位直管人员，每年都要拿出至少半天的时间进行一对一交流。但等到真正做的时候，什么都没有改变。老板也觉得不好意思，说自己真是太忙了。不过，他却总有时间去见客户，去跑市场，甚至去论坛上发表演讲。

人常常便是这样，看得透，忍不过，最终又回到老路上。后来，一对一绩效面谈成为众人皆知的公司制度，效果便好了许多。

以身作则

"以身作则"是一条再怎么强调都不过分的领导力准则，以至于我们可以将任何忽视了这一准则的领导力理论都视为胡扯。

在长期相处中，人们真正在意的不是你说了什么，而是你做了什么。如果你想要求别人做到，那么，请你自己首先做到。

但以身作则绝不是说领导者凡事都要身先士卒。尽管领导者要展现出自己的勇气与态度，但任何一支成熟的军队都不会需要它的统帅总是冲在前头。领导者不是士兵，也不是勇士。领导者最需要以身作则的是坚守理念，捍卫制度，监督行为（见表1-4）。

"伟大是管理自己，而不是领导别人"，这句话说得很实在。如果领导者开会总迟到，那就别指望其他人能准时。如果领导者总喜欢把目标往大了喊，好大喜功，那就别指望整个公司能形成一种"指标严肃性"的文化。反过来，如果领导者总是严于律己、全情投入，其他人就是想偷懒都有些不好意思。事实胜于雄辩，身教胜于言传。

表 1-4　关于"以身作则"的问题清单

问题 1	一把手是不是把本公司的使命、愿景和核心价值观放在心上，并总是把公司眼下各项具体的事宜与公司发展的大方向挂起钩来考虑、决策？认知与行为是否一致？
问题 2	一把手如何让大家感受到他的方向感、企业家精神和工作激情？
问题 3	一把手的精力如何分配？具体来说，时间如何安排？各项事务的轻重缓急如何处理？

尤其涉及到变革问题，领导者必须带头下水，起到表率作用。对领导者而言，在没有开出第一条路之前，你所有关于变革的热情，都只是假象；你所有关于变革的力量，都只是虚幻。你必须让改变真正发生，其他人才会有所行动。

从这个意义上，领导力不是魅力，也不是处好关系，更不是完成表演，它是始终如一的行为，并因此而值得信赖。

对一把手来说，你是一切事情的起因、一切问题的源头、一切责任的最终承担者，你必须以身作则。

领导力最终作用于人与人之间的关系：**① 人们愿不愿意追随你？② 愿不愿意跟你在一起？③ 愿不愿意变得像你一样？**

好的领导，总是如同一面镜子，照出你希望成为的样子。他让你心甘情愿地追随，并心甘情愿地改变自己。人格是无声的命令。

2. 真正的改变只能从内心开始

显然，领导者都不是一天成熟起来的，其必经历一个过程，就像企业也是一步步长大的。企业成长总是在变得更大和更完整，这也倒逼企业家必须不断地完成自我进化。

在相当程度上，企业的成长离不开企业家的成长，而企业家的成长，本质上取决于思想和心态上的进步，取决于认识上的突破，然后行为和习惯才能随之发生改变。

作为教练，我和伟俊在长期与企业家打交道的过程中认识到，真正的改变只能从内心开始，否则，再多的外部信息输入终究也只是徒劳。在这方面，本书认为有三种理论对现实问题最具解释力：① 麦克利兰的动机理论（成就动机 – 亲和动机 – 影响动机）；② 戈尔曼的情商理论（认识自己、理解他人）；③ 科特的变革理论（目睹 – 感受 – 改变）。

以下结合我个人的经验做下阐释，分享给各位读者。

勒紧成就动机，发挥影响动机

成就动机和影响动机的说法，来自杰出的社会心理学家麦克利兰。这位哈佛大学教授研究发现，事业心、事业成就与内心动机存在关联，一个社会中总有少数人愿意通过寻求机遇和挑战来获取成就感，而大多数人对此并没有那么强烈的态度。

麦克利兰认为，人们之所以做出某种选择或展现出某种行为，都是为满足其内心需要。他提出，个体在工作情境下通常有三种需要：① **成就需要**，指的是个人想要尽快且尽可能地把事情做好的一种欲望或倾向；② **亲和需要**，这是一种相互交往、相互支持、相互尊重的需要，通常表现为希望建立友好亲密的人际关系，寻求他人的喜爱和接纳；③ **权力需要**，即影响和控制他人并且不被他人控制的需要，有时也被称为**影响需要**。

麦克利兰发现，那些受成就动机驱使的人，热衷于追求卓越，设置挑战性目标，克服障碍并达到高标准，超越自己，战胜别人。他们的亲和需要不强烈，例如，在麦克利兰的实验中，当参加实验者具有选择自己工作伙伴的自主权时，成就需要强烈的人宁愿选择专业技术水平高的人，也不愿选择亲密的朋友。他们的权力需要也不强烈，他们追求高绩效，并非为赢得社会地位和他人尊重，而主要是为了个人成就感的满足。因此，麦克利兰将成就动机界定为"个人在做事时与自己所持有的良好或优秀标准相竞争的冲动或欲望"。

可以说，这三种动机（见图 1-3）在每个人的身上都有，但每个人的心理资源都是有限的，因此，不同的构成方式与配比，便决定了行为方式的不同。

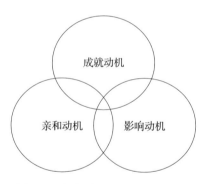

图 1-3　麦克利兰提出的三种动机

为什么要重视成就动机？因为许多企业家早年都是这种强人性格。不强，怎么出头？用我的话说，这种强人哪怕在一条街上摆摊卖货，比如，就是卖衬衫，也要拼命比其他所有人卖得更好。否则，怎能在竞争激烈的市场环境中杀出重围？

但企业大了就不同了，对一把手的能力要求不同。伴随企业成长，领头人一定要适时完成角色转型，从班长、排长、连长……最终成为军长，最重要的就是完成从业务能手到组织高手的转型，他的注意力焦点与行为习惯必须随之发生转变：**从抓业务到抓管理、从做生意到做机制、从琢磨产品到琢磨人、从经营客户到经营员工。**

小企业的领导者，往往成就动机都很强，凡事勇于争先、长于较量，但企业的规模越大，越要求领导者的"悬挂能力"要强，在心态上有一种"退居二线"的感觉，即在幕后发挥影响力，把冲锋陷阵的成就感留给其他人。

正如任正非先生谈到的："一个人不管如何努力，永远也赶不上时代的步伐。只有组织起千百人一同奋斗，你站在上面，才摸得到时代的脚。我放弃做专家，而是做组织者。如果不能充分发挥各路英雄的作用，我将一事无成。"

从这个意义上，领导者的素质、领导力的发挥，既是技法，也是心法。因此，本书援引麦克利兰的经典理论提出，"勒紧成就动机，发挥影响动机"，即伴随着企业发展、企业家角色的转变，其心理上的"内驱力"也要进行相应的调整，这是一种根本意义上的转变。

好理论最实用，往往具有很强的现实解释力和实践指导性。好理论与好实践本来就是一家亲。

在提出动机理论的基础上，1976年麦克利兰对其学说做出了进一步的探索，以解释为什么在一些具有强烈成就动机的人中，却很少出现引领众人前行的领导者。麦克利兰研究发现，"权力动机"这一概念可以再做细分：一种是"个人化权力"，另一种是"社会化权力"。个人化权力以控制他人的方式来实现自己的统治，而社会化权力以影响他人为核心，并以他人为出发点，因此具有这类心智模式的人更适合担任社会组织的领导工作。

理论来自对现实世界的抽象，反过来，借助理论的力量，我们便更有机会把许多现象背后的原因看清楚，提升对现实问题的判断力。

首先，成就需要强烈的人无法成为有效的领导者。领导者要通过他人将事情做得更好，而不是自己做得更好。所谓"大树底下不长草"，是因为领导者放不下冠军意识。

其次，亲和需要强烈的人也无法成为有效的领导者。组织中的"好人"往往不是"好领导"，领导者不应当追求被人喜欢，而是必须在管理过程中一视同仁，对特别人"特殊对待"更是领导者的大忌，是组织运行的腐蚀剂。

再次，个人化权力强的人也不行。最主要的问题是，在这种人的领导下，员工忠诚度会被牵引为向着领导者个人依附的方向发展，一旦不顺从，就很难有发展前途。概言之，员工效忠领袖，而非效忠组织。当组织风格被个人风格支配后，一旦该领导离开，便很容易造成组织混乱。个人化权力强的人有明显的特征，他们往往脾气较大，喜欢豪饮，勇于冒险，热衷于象征个人支配力和地位的东西，如高档汽车、豪华办公室等。

这类老板有可能并不爱钱，甚至在分钱问题上显得异常慷慨，但往往非常在意下属对自己的从属关系。换言之，他们在分钱问题上显得很大方，但是在分享当老板的感觉方面却显得小气，谁都别想挑战他们在组织内的权威，一丝一毫都不行。

最后，社会化权力强的人才能够成为高效的领导者。这种人善于从比他更高明的人那里得到启发，而个人化权力比较强的人，往往只能听进去顺从自己者的意见。也就是说，不要做项羽那样的强人，而要像刘邦那样，学会仰视自己的下属，多问问：为之奈何？

事物的发展总是辩证的。一家企业，如果成就需要强烈的员工很多，干劲儿十足，往往就会经营顺畅、发展迅速；但要提拔将领，培养将领，找那些社会化权力强、影响动机强的人才管用，他们未必是业务明星，但更有可能成为管理骨干。

不少管理学者都从各自视角得出过这一相似结论。例如，柯林斯在《从优秀到卓越》中谈到，最难得的是"第 5 级经理人"，他们的雄心壮志不是首先考虑自己的利益，而是投身到建立卓越公司的宏伟目标中。他们不事声张，甚至看起来缺乏魅力，不过许多伟大公司的背后都有这种不显眼的领袖：他们平和而执着，谦逊而无畏。

哈佛大学教授巴达拉克将这类领导者称为"沉静领导"，他们追求更高意义上的成功：把事业搞辉煌，把自己过平淡。

库泽斯和波斯纳两位领导力专家谈道："在考察了数千个最佳领导力的案例后，我们发现了一个简单的测试，可以检验一个人是否走在成为领导者的道路上。这个测试就是使用'我们'这个词的频率。在访谈最佳领导经验时，那些卓有成效的领导者，使用'我们'这个词的频率大约是'我'的三倍。"

从更多地使用"我"，到更多地使用"我们"，显然，这背后反映的是一种心态上的跃迁。

诚如《道德经》所言，"太上，不知有之；其次，亲而誉之；其次，畏之；其次，侮之"，指的是最好的统治者，人民并不知道他的存在；其次的统治者，人民亲近他并且称赞他；再次的统治者，人民畏惧他；更次的统治者，人民轻蔑他。

这体现了领导者的不同层次。越是成熟的领导者，他们在组织中的"自我"越小。他们思维的起点总是别人，但改变的念头总在自己。

先领导自己，后领导他人

领导力是关于"共享理想"的，领导者要为组织成员提供方向感，赋予共同做事的意义感，这是人们期待领导者做的事。也就是说，领导是一场对话，而非一场独白。

很大程度上，领导力＝影响力。张伟俊认为："有些企业家的影响力不佳，问题不是出在影响力本身，而在于影响力的前提。影响力的前提是人际理解力。因此，提升影响力不是在'影响'上做文章，而应致力于'理解'，提升人际理解力。"

"许多人都觉得自己的人际理解力没问题，但放在一个具体情境下就不是那么回事儿了，当过父母的人往往对此有感受，'我是为你好'在父母心里、孩子心里经常是不一样的，同理心要建立在双方对关键问题的理解之上。"伟俊谈道。

戈尔曼在《情商》一书中提出，情商包括五个方面的能力：① 认识自身情绪的能力；② 妥善管理情绪的能力；③ 自我激励的能力；④ 认识他人情绪的能力；⑤ 人际关系的管理能力。

对于领导力提升来说，道理亦复如此。**本书认为，发展领导力通常也与这四部分的能力相关：理解自己；理解他人；领导自己；领导他人（见图 1-4）**。这中间最关键的就是，充分认识自己和尽可能地理解他人。

图 1-4　领导力发展的情商模型

就像老子所说，"知人者智，自知者明"。在提升领导力这件事上，首先是自知，其次是知人。

首先是自知，有清晰的自我意识，然后带领好自己。如果你想做一个卓越领导者，那么你对自己究竟是谁、擅长做什么、不擅长做什么等问题有所认知就很重要，能够用"他者"的眼光来反观自己，然后才能做到自我控制、自我调节、自我激励和同理心。

领导者身居高位，一言一行都暴露在聚光灯下，就更须谨言慎行，背后的修为是人格成熟度。

我相信做过领导的人都会对此深有体会：管理者的任何行为都可能被下属解读，甚至被解读得与你的初衷大相径庭。但做过下属的人都明白，下属的日常生活之一就是观察领导，人人心中都有一杆秤，他们也会对此心中有数：情绪和行为波动的不可预测性，是一个人不成熟的表现，而不成熟的领导，就会让下属缺乏安全感。

有人说："一个领导者的成长和成熟要走过四个阶段：最开始是外表狂风暴雨，内心也狂风暴雨；之后是外表平静如水，内心狂风暴雨；再之后是外表狂风暴雨，内心平静如水；最后是外表平静如水，内心也平静如水。"不无道理。

其次是知人，以身作则，带领好他人，带领好组织。在这个问题上，那些有知人之智的领导者都堪称人性大师，他们未必读过多少书，但必是在人情世故上的得道之人。我领略过几位卓越领导者的风采，他们对下属的生活境遇、人生走向、行为动机……了然于心，然后总能做出善意、妥当的安排。所谓"顺应天道，得合人心"。

要想让团队齐心协力，一把手便要充分尊重下属的意愿，而不是把自己的意愿强加给对方。要让下属自己做决定，而不是替下属做决定。企业能买到的只是劳动者的时间，买不到真心实意的努力。毕竟，没有什么比每天做着自己并不认同的事，对工作意愿伤害更大的了。

好战略有其内在逻辑：① 按照行业的本质规律与竞争形势的要求办事；② 现实见利见效，未来具有意义；③ 符合组织内部的人心所向。最后一点是很重要的，即在指明方向的问题上重视和强调"人"。

但凡涉及领导者跟下属间的互动，无论是激励、说服，还是做组织动员，最根本的力量就是把出发点变成"你"，而不是"我"。

将心比心不是一句空话，它需要很高的能力和智慧。正如孟子告齐宣王曰："君之视臣如手足，则臣视君如腹心；君之视臣如犬马，则臣视君如国人；君之视臣如土芥，则臣视君如寇仇。"这些道理是简单的，但是真做到不容易。

许多领导者总是带不出自己的接班人，问题也往往出在这里，依然是不够知人，其"我执"过于强烈了，出发点依然是"我"而不是"你"，因此才希望接班人成为下一个自己。但正像德鲁克所说的，真正对人的尊重，是"让他们根据自己天然的长处发展成于己、于人、于社会都有用的人，而不是试图让人变成不是他本来应该的样子"。

真正做到对人有理解是一件太不容易的事。我们在职场中每天都可以遇见很多人，但你真的跟另外一个人的生命状态相遇过吗？

用伟俊的话说，"理解他人是要豁出性命的事"。

人因触动而改变，不因知道而改变

"人因触动而改变，不因知道而改变"，这是约翰·科特教授在《变革之心》一书中的重要观点。他在该书的开篇部分指出，"在改变人们行为的过程中，目睹所带来的感受上的变化的作用，要远远大于分析所导致的思维上的改变"。

科特认为，要改变人的行为方式，最有效的模式不是"analyzethink-change"（分析 – 思考 – 改变），而是 "see-feel-change"（目睹 – 感受 – 改变）。

目睹（see）： 通过一些戏剧性的、引人注意的情境，尽量使用直观的方法，让人们可以摸到、感到或看到，来帮助人们发现问题，找出解决方案。

感受（feel）： 看到问题之后，人们的情感受到冲击。他们开始从内心深处做出反应，阻碍变革的情感因素削弱，支持变革的因素加强。

改变（change）： 人们的行为开始改变，那些改变之后的行为也得到进一步强化。

这是一个非常重要的研究结论。你会发现，对于同样的道理，尽管企业家在课堂上也会听得津津有味，但这带来的后续成果转化，却经常不如企业参访，或与同行交流。因为让人们真的愿意做出改变，需要的往往不是一个理性的过程，而是一种感性的介入，仅仅是知道很难做到，关键是要看到、感受到，有所触动，然后才会做出改变。

我后来才意识到，为什么伟俊在 2010 年之后，特别热衷于主持私董会——无论是针对企业家群体，还是在某一个企业的内部——因为私董会是一种太好的工具了，企业家或高管可以在私董会的场域下，更为充分地看到、感受到自身的不足，产生自我觉察，然后下决心做出改变。而这便是一位企业家教练的核心价值所在。

"教练是把主要注意力放在领导者的心智模式、行为模式的转变上，而不是进行领导力方面的知识传授或管理方面的技能培训，这是教练与学者之间的区别"，伟俊如是说。

鉴于私董会这一提法目前已经被泛化使用了，甚至只要是开会，就可以说是召开私董会，本书在此要申明一下，正版的私董会是有一套严格的议事规则的，而不是什么会都可以被称为私董会。

至于私董会究竟要怎么开，本书附录部分《私董会第 7 年：从同学情到兄弟情》一文，完整还原了一场伟俊主持的私董会，感兴趣的读者不妨参考一下。

私人董事会议事规则之三段论

① 提问；② 定性；③ 建议。

注意：提问过程中，不对问题进行定性与给出建议；

定性过程中，不再提问，不给建议。

在私董会方面，伟俊是我的老师。我参与过许多次伟俊主持的私董会，后来自己也主持私董会。我发现在伟俊的私董会上，尽管通常每次都只有一位"问题所有者"（又称"苦主"），但伟俊总会尽量关注到每一个人，而不仅是苦主本人。他非常在意问题探讨所能够触及的深度，而这往往能使得每一位参会者都从中受益，即私董会的价值不仅是为了解决苦主的问题，更是让参会者在苦主的身上看到自己。

不同的教练对私董会价值的理解不同，采取的方式也不一样。在伟俊看来，私董会教练要做的就是通过"煽风点火""挑拨离间"，示范提问、鼓动提问等方式，催化交流深度，让企业家产生某种负面的情感体验，进入自我觉察的状态。

这种"负面情感体验"对提升一把手的自我意识，显得尤为重要。一把手太容易活在自己的世界中了，看到自己想看到的，听到自己想听到的，甚至赶走自己讨厌的人。正因为他是一把手，其他人都是下属，就更可能在不自觉中变得盲目。而这种"负面情感体验"、不舒服的感觉，反倒可能是通往自我觉察之路上的一扇大门。

对领导者而言，最难的是观看到自己。因此在私董会里，成熟的教练从不会假定有一个绝对正确的答案——很可能根本没有这类答案——他只是不断提醒各位领导者，你此刻拥有的答案并非答案的全部，你仍然有自己的局限，你还可以变得更好。

3. 反求诸己与自我突破

企业有且只有一种危机，那便是企业家的领导力危机。与之相比，任何其他问题都是小问题，或是正待被解决的难题而已。

没有夕阳的行业，只有夕阳的企业。如果企业始终长不大，而同行还在不断壮大，那么别怀疑，问题多半就出在企业家身上，甚至可能是出现了"企业家封顶"的状况，即企业家无法再实现自我突破了。

没有什么比在高管离职访谈时听到这样的话，更让人难过的了——"我们企业就这个样子了""老板认识不到问题就出在他身上""我们老板只能把企业带到这里了"……

领导者，打起精神！除非你已经认命了，否则，一切皆有可能！

让自己跟得上企业发展的需要

企业小的时候，拼的往往是"一招鲜"，长板足够长。但企业大了之后，还要拼"均好性"，即短板也不能太短，否则企业也没机会长大。这背后是对企业家的个人能力、领导力提升，不断提出的更高挑战。

一个企业在早期阶段的成功，无论多么受资本市场的追捧，通常都不是因为它做对了很多件事，而往往只是因为它做对了一件大事，以及与之有关的许多件小事，于是它便能够将这种增长趋势维系几年。而这背后，常常是因为当时的行业痛点、所需要的行业级解决方案，与企业家的个人禀赋、经验，以及当时所掌握的资源，刚好凑上了——其中不乏运气成分——该企业便把握住了这次机会。

但行业是在不断发展的，客户需求是在不断演变的，竞争格局是在不断走向深化的，而成功并不是一位引领未来的好向导。反倒是，成功最容易固化一个人的经验，让他误以为以前的路依然行得通，但问题是，情况已经变了，老办法解决不了新问题。

从这个意义上，企业 > 企业家，而非企业家 > 企业。一个企业，稍有不慎，就有可能成为"企业家的企业"，但一把手想让自己成为"企业的企业家"却并不容易。

企业家需要注意到，**增长并不等于发展**。"增长"通常体现为一种数量上的变化，但"发展"更强调要与质量有关。我们可以注意到，有时一个企业的业绩还在增长，但是其内部其实已经没有发展了，称之为**"没有发展的增长"**；有时一个企业的业绩没有增长，但实际上它在发展，只是暂时还没有显现出来，称之为**"没有增长的发展"**。企业家需要仔细权衡增长与发展之间孰轻孰重，许多企业恰恰是因为陷入了增长的陷阱，而一再错失发展的良机。

一个企业的发展受困，一定是从决策失误开始的。而当企业开始出现问题的时候，其内部一定有明眼人率先注意到了苗头，但他们的看法通常都不会是主流意见，关键是一把手能否及时抓取到这些微弱但重要的声音。企业今天所暴露出来的发展问题，通常都不是今天造成的，问题的种子早就被埋下了，但往往只有当问题已经表现得很明显的时候，一把手才开始意识到问题的严重性。

越是在企业发展受困的时候，越需要一把手有耐心、听得进去不同的意见。否则，便很有可能沿用一种"新瓶装旧酒"的方式来解决问题，看似是新思路，实则是老药方，甚至仅仅是想依靠加大投入来解决问题，但这条路终归是走不通的。事后来看，除非企业家的认知水平产生了实质性突破，否则，企业的成长是没可能跨上一个新台阶的。

对于一个已经成功过的企业，它通常也不会在一夜之间倒下。一把手的决策失准，往往体现为一个层层加码的过程：**早期是自话自说，接着是自我陶醉，最终是一意孤行**。实际上，在事态真正发展到不可收拾之前，总是有很多次挽救局面的机会的。

"行有不得，反求诸己。"当领导者跟不上企业发展的时候，过程中一定会有一些蛛丝马迹露出来，关键仍取决于他是否能察觉到。

当你最真心的朋友对你发出提醒；当你最能干的部下开始另谋出路；当新的消费者不再对你的生意深感兴趣，不妨想想，是不是他们都出了问题？还是问题有可能出在自己身上？

勇敢地走向自己的反面

人的成长也好，企业的成长也好，要想取得实质性突破，都需要勇敢地走向自己的反面。

一位领导者的强项是无须被强调的，他通常都能识别出，自己究竟在做什么事时更得心应手，而且这种优势往往可以自我强化，即擅长做什么就喜欢做什么，喜欢做什么就擅长做什么，依此正向循环。反倒是那些他不擅长的领域，即便自己是清楚的，也往往选择放任拖延。

人生而不同，各有各的能耐。作为教练，我和伟俊在长期与企业家打交道的过程中，往往很快就能识别出企业家的不同特点：有的老板是业务型的，有的老板是管理型的；有的老板喜欢先做产品，有的老板喜欢先看市场；⊖有的老板擅长做从 0 到 1 的事，有的老板擅长做从 1 到 10 的事……不一而足。

让老板成为一名全能战士，显然是一种极不现实的选择，而且也没这个必要。"金无足赤，人无完人"，一个人有其优点，便会有其局限。

是企业的持续成长，要求企业家必须变得更好；是企业的持续成

⊖ 同样是处理产品与市场相匹配（Product Market Fit）的问题，领导者是先考虑产品问题，为产品找到一个市场，还是先考虑市场问题，为市场匹配一款产品，这其实是很不一样的两种思考方式。

长，让企业家意识到，"what got you here won't get you there"（过去成就了你的东西，不会成就你的未来）；是企业的持续成长，要求企业家必须正视自己的弱点和不足，并采取适当的行动。

这中间有两条重要的原则：需要把握的是**"匹配与均衡"**（正面原则）；需要警惕的是**"偏科与过度"**（反面原则）。

"匹配"指的是，企业家的成长要与企业的成长相匹配。"均衡"首先指的是长板够长，短板不短；其次，如果一把手意识到有自己无法弥补的弱项将影响到企业的进一步发展，一定要正视这一点，团队中要有人能起到互补作用，而且很重要的是，一把手一定要能够接纳有不同思维类型与行为习惯的高管，否则，改变也不会真正发生。

相对应的，"偏科"指的是长板够长，但短板过短，然而一把手依然按照自己的喜好从事，而非基于企业现实需要。"过度"指的是，**一个人的缺点往往是其优点的过度放大**。之所以出现上述两种情况，归根结底，是因为一把手的不以为然、不以为意、不够自知。

领导力提升一事，产生自我觉察最难。而在我和伟俊的工作中，时常要面对的就恰恰是这最难的部分。有时候，企业家要到几年后才意识到教练的价值，不过每次收到这类反馈时，都是最令一位教练感到欣慰的时刻。

伟俊从 2005 年开始全职做总裁教练，那年他 50 岁，到 2021 年，他已经兢兢业业地干了 16 年教练工作了。伟俊告诉我，时至今日，他依然会遭遇挫折，他通常都表达得很直接："It's a failure（这次失败了）。"

"那你怎么看许多人对你的认可？"我问。

"这时候我会跟自己说：I am lucky this time（这次是我幸运）！"

说完，伟俊微笑着向我眨了下眼睛。

领导力提升的 15 条认识

　　从学术视角看，领导力领域的研究主要有四派学说：特质说、行为说、结果说，以及权变说，分别强调了问题的一个方面。

　　简单来说，**"特质说"**强调领导者自身的素质最重要；**"行为说"**则看重领导者到底要做对哪些事；**"结果说"**认为，不必纠结于领导者该是什么样子，所谓"英雄不问出处"，能打胜仗的干部就是好干部，拿结果说话便好；而在**"权变说"**看来，问题没那么简单，能否领导得好，还要看领导者与追随者、领导情境，三者之间是否匹配。

　　这四派学说很容易照进我们的日常生活。比如，当读到《孙子兵法》中的"将者，智、信、仁、勇、严"，你觉得说得真对，其实你认可的是"特质说"。当你认为，柳传志先生的观点，"领导就是做好 3 件事：搭班子、定战略、带队伍"，对你很有启发，这其实强调的是领导者行为。类似地，"赛马不相马""不以成败论英雄"，如果仔细分析下来，其实暗合"结果说"与"权变说"的逻辑。

如果我们把"领导力"看成一种客观存在来做研究，那么，恐怕永远也超不出上述四派学说的研究范畴。但是当我们把视角从"他者"转移到"自身"，问题就变得不一样了。

我们知道领导者要具备哪些能力（特质说），该做哪些事情（行为说），在什么情况下（权变说）更容易取得成功（结果说），这是一回事。我们怎样才能成为那样的人，却是另外一回事。本章主要回应的便是后一类的问题。

作为一个科班出身的管理学博士，我很早就在不同的总裁班讲过领导力的课程，还颇受学员们的认可。但直到我做了团队的一把手，我才意识到，这些领导力理论对我来说究竟意味着什么。我有一个很深的体会：**领导力是长出来的**。重要的不是懂得多少领导力理论，而是你如何去提升自己的领导力。

许多领导力理论研究的都是静态问题，但领导力提升却天然是一个动态的问题，它事关成长，与人的感受有关。因此，重要的不是你知不知道，而是你对此有没有感觉。

本章所提出的 15 条认识，便是放在个人成长与企业成长这一大背景下来谈的，或者说，我希望将许多领导力理论都划归于成长主题下，进行一次再解释，以使本书对领导力问题的探讨能变得更加完整。同时，与第 1 章的理论风格比起来，本章是要多讲一些案例，多说一些故事的，以使我们对道理的阐释能变得更加生动。

这 15 条认识并非杂乱无章的，它们在逻辑关系上不是齐头并进的。其中，第 1、5、11、14、15 条在关系上是平行的，而第 2～4 条、第 6～10 条、第 12～13 条应视为第 1、5、11 条的推论或补充。

不过，作为作者，我并不期待读者能从本章的内容中获得结构性知识，如果这 15 条中能有一两条零散的认识，对你提升个人领导力有所启发，那已经很好了！

1. 重大的领导力提升必经历一次彻悟，否则是学不会的

关于领导力提升的第一个秘密恐怕就是，领导力是凭空学不会的，你非得经历一番事之后，自己想明白了不可。

我发现古今中外的领导者，包括我们身边的人及自己，在谈到人生成就与过往的时候，几乎无一例外地都会谈到他们生命中的一次"历史性的转折点"，这些转折点彻底改变了他们的行为及自我认知，而后他们脱胎换骨，人生从此不同。

借用领导力大师本尼斯与托马斯的话说就是，尽管时代变迁，但人们从"高素质的普通人"蜕变为卓有成效的领导者，总会经历一次人生"熔炉"。

这可能是一次刻骨铭心的经历、一次难忘的对话、一次重大的挫败，也有可能就是一场辗转反侧后的顿悟，就像王阳明先生的"龙场悟道"。人们常说，"使人成熟的不是岁月，而是经历"，而经历人生熔炉，便意味着遭遇了一回"主观世界的破碎与重建"。

许多企业家都有过这类经历。比如李一男事件之于任正非。曾被任正非寄予厚望的李一男，在成立港湾公司后反攻华为一事，是任正非此前怎么都想不到的。他甚至在李一男离职当天，为李举办过一场盛大的欢送会，预祝李一男副总裁北上创业成功。然而在此之后，面对港湾的攻击，华为不惜成立"打港办"，专门对攻港湾。

几年前，有次我跟一位华为前核心高管交流，他说经此打击后，任正非的一部分性格都变了，而且从此对事业部制有了更多的警惕。

再如 3Q 大战之于马化腾。在 3Q 大战之前，马化腾是个什么性格的人呢？从下述故事中可见一斑。

2010 年 7 月，《计算机世界》杂志刊登封面文章《"狗日的"腾讯》，这篇相当有火药味的文章，让腾讯一下子陷入空前的舆论压力之中。公司召开紧急会议，众决策人面前都摆着复印件，但无人说话，最后还是马化腾开了口："他怎么可以骂人？"

2010 年 9 月 27 日，3Q 大战正式开打。该日，360 发布其最新开发的"隐私保护器"，专门搜集 QQ 软件是否侵犯用户隐私。随后，QQ立即指出 360 浏览器涉嫌借黄色网站推广。2010 年 11 月 3 日，腾讯宣布在装有 360 软件的电脑上停止运行 QQ 软件，用户必须卸载 360 软件才可登录 QQ，强迫用户"二选一"。为了各自的利益，从 2010 年到2014 年，两家公司上演了一系列互联网之战，并走上了诉讼之路。

3Q 大战的另一个主角是 360 公司的创始人周鸿祎。周和马的第一次见面非常早，像是某种宿命般的对手，他们在 2002 年第三届"西湖论剑"上就见过了。从当时的现场发言就可以看出这两人的性格差异。相比马化腾的拘谨寡言，周鸿祎则要活泼外向得多，他常能妙语如珠，赢得掌声一片。在论坛上，他调侃说："我们 5 个人中，只有马化腾最不成熟了。"他有意顿了顿，接着说出谜底："因为我们 4 人都结婚了，他没有。"

许多网友都不知道，是腾讯在 3Q 大战中取得了法律层面的全胜，然而，它却输掉了舆论。相较之下，"周鸿祎的冒险取得了空前的商业成功，他赤身上扑，只要不被扼杀即是大胜，他对互联网舆论的超凡理解及掌控，更是前所未见。大战之后，周鸿祎的知名度暴增……360 用户非但没有遭到削弱，反而增加"，吴晓波在《腾讯传》中如是写到。

后来发生的种种变化表明，3Q 大战是里程碑式的事件，它甚至在某种意义上改变了马化腾的性格，他开始重新思考腾讯的平台策略以及公共属性，在外部沟通上，他也渐渐变得柔软和开放。马化腾后来在"给全体员工的邮件"中反思到，"过去，我们总在思考什么是对的。但是现在，我们要更多地想一想什么是能被认同的"。

和君咨询创始人、我的老师王明夫先生的故事亦是如此。他只要谈和君的发展史，必谈和君的 2006 年。2015 年 2 月，他在《和君十五周年致辞》的公开演讲中谈到——

出发（2000 年）：创立和君。不知道自己不知道。上路了。很成功。

摸索（2001～2005 年）："和君四杰"时期。但其实是不知道要建造什么的一场混乱施工。梦里不知身是客。很失败。

觉悟（2006 年）：经历了合伙人散伙。重新思考：我是谁？人生何求？作为人，何为正确？发心：誓造和君、成人达己、内圣外王。四十不惑始懂事。找到自己。

我发现我接触过的企业家，在他们的人生旅途、创业生涯中，几乎无一例外地都完成过至少一次关机重启。然后二次创业、老兵新传，绽放得更炽烈。

然而，有些人挺过来了，有些人可能一生都走不出失败的阴影。其中的关键差别就在于有没有反脆弱的、触底反弹的能力，用诗人济慈的话说就是，"假使有人能够在不确定、懊恼和怀疑时，仍然没有任何愤怒地追求事实和理由"，他便具备了这样的能力。

这便意味着在任何情况下，都要尽力把爱恨放下，然后学到东西。显然，我们都希望自己的人生是平顺的，不要有那么多的起落悲喜去试探我们，然而，只有在面对最艰难的选择时，我们才开始面对真正的自己，我们才定义自己。

然后有几条推论——

2. 人是活不过自己的人生经历的，要用经历去成就人

"人是活不过自己的人生经历的"，这是我经常挂在嘴边的一句话。经常有企业家找我一起面试高管，我便把这句话说给他听。

事实上，我们在招人和做干部管理时，很难在真正意义上提高成功率，但可以反过来降低失败率，背后的原因是我们经常陷入两类错误的假设中，对候选人的能力评估产生偏差：

其一是，误以为人们能够快速调整以适应环境，但这种估计往往超出了人们的实际应变能力，实际上是很难行得通的。

我常跟企业家建议，不要高估外企高管第一次加入民企时的适应能力。成熟型企业的运行逻辑与创业型企业、成长型企业有很大不同，许多人都难以胜任这种情境转换。外资高管第二次加入民企时，往往才比较好用。

其二是，误以为工作动机和实际工作能力之间具有强相关性，但事实是，如果没有必需的经历、技能与经验，即使工作动机再强、热情再高涨的员工也可能遭遇失败。

换言之，我们要相信纯粹理性批判，尽量排除感性因素的干扰。

在这方面，我们可以有一颗很热的心，但仍要有一双很冷的眼，即相信人的能力是经历的产物，而非意愿的产物。常有企业家被候选人所展现出的对行业、企业及未来长期共事的强烈向往所打动，显然，这些因素都是重要的，而且是可贵的，但我们仍要回到事实本身，即有足够的证据表明他有可能胜任这份工作吗？

不少企业家都有一种"揽天下之英才为我所用"的冲动，即先把厉害的人招进来再说，但稍有不慎，便可能弄成了揽门客、养闲人，最终的结局是不了了之，甚至不欢而散。为此，我们有必要分清楚，该人才

是在什么条件下做成事的，否则土壤不对也长不活。然后把丑话说在前面，把话说透，把条件谈清楚。

最重要的是与候选人达成三份承诺：① 业绩承诺；② 团队成长；③ 搭建体系。除了业绩本身，后两份承诺指的都是，即便有一天你离任了，请把团队留下来，把体系留下来。这不应被理解为一种资本家的算计，而是一名成熟高管所理应承担的责任。

反过来，在培养人才时，我们也应当注重用经历去成就人。华为在做人才管理时，会对人才成熟度打上几个标签：① Right-Now（立马可以继任）；② One-Job-Away（差一份工作历练）；③ Two-Job-Away（差两份工作历练），这是值得借鉴的。

换言之，人的能力都是长出来的，帮员工认识到能力不足至多只是解决问题的第一步，让员工在合适的发展路径上长出自己的能力，才是高阶主管应当履行的责任。

3. 重视领导力提升的关键转折点和窗口期，如上任第一年

在干部梯队建设方面，就像教育子女一样，同样也是有窗口期的。如果窗口期不到，你硬塞给他什么都没有用，他是没那种体会的；如果窗口期到了，便会事半而功倍。

第一次从业务骨干转型做团队领导，第一次做某业务的总经理，都是这样的关键转折点和窗口期。此时，你真得用心去带你的下属，适时进行点拨与辅导，就像我们很难指望一个人有了孩子，他就自然懂得如何做父母一样，否则就不存在师傅带徒弟这一说了。

好苗子很快就能显现出来，人才是用出来的。一个人有没有领导潜质，往往在他第一次带团队时就能看出些迹象，比如，观察他如何招人

（识人能力及个人魅力），如何开除人（决断力与分寸感），怎样开会（指明方向与影响众人），怎样自我反思（学习力与责任感）等。

判断一个人有没有领导力、领导力的强弱，可以用几条简单的标准：**① 有没有人跟你？有多少人跟你？② 跟你的是什么样的人？水准如何？③ 跟得有多近？有多紧？** 就像德鲁克所说的，衡量领导力是否有效，就看离开一家公司时，还有多少人愿意追随你？

其实在中国商业界有一个值得关注的现象，那些业绩长青的企业，其早期创始团队往往都比较稳定，而且从一开始就较为多元化，比如，复星"五虎"、阿里"十八罗汉"、腾讯"五虎将"等。某种意义上，这是卓越领导力的一种体现。

至于更具体的领导力模型，不同学者有不同的见解，不同企业有不同的答案。就像宝洁强调"5E"，即 envision（高瞻远瞩）、engage（全情投入）、energize（鼓舞士气）、enable（授人以渔）、execute（卓越执行）；而华为关注"四力"，即决断力、理解力、执行力、连接力。

在学者给出的见解里，我很欣赏风里博士提出的领导者"五大品质"，即与人为善、追求卓越、自信果敢、战略思维、知人之智（见图 2-1），总结得颇为全面。

图 2-1 风里的领导者"五大品质"模型

"五大品质"的内在结构，分为"做事"与"用人"两条线。对于做事，"追求卓越"是底层心理素质，例如有毅力，总是能做到推迟满足感；然后是"自信果敢"，"听多数人的意见，和少数人商量，自己做决定"，所谓"众谋独断，详虑力行"；但最终决定你事业高度的是"战略思维"能力的高下，例如审时度势的能力、资源敏感性、目标与手段的一致性等。

对于用人，"与人为善"是最基本的，与人为善 = 能赢得别人信任的品格，否则你也团结不了队伍；接着是"自信果敢"，不婆婆妈妈，能把人的逻辑与事的逻辑分开来看，一码归一码；但最终体现你水平的是"知人之智"，知人性（对人有全面系统的看法），更要懂人心（感知特定个体动机、情感的能力）。

在企业家提出的看法中，我至今都很难忘柳传志先生的一番话，他说联想选干部的时候尤其看重三点：第一是要学会退出画面看画，才能看清楚画是什么，才能牢牢记住自己做事的根本目的；第二是学会拧螺丝钉，如果把一个螺钉拧死，其他三个就拧不进去了，所以得边做边调整；第三就是复盘，知其然更要知其所以然。

关于退出画面看画，我举一个例子。2016 年夏天，我到乐凯撒开会，这家深圳起家的比萨连锁公司当时还没有今日的规模与影响力，但我注意到其创始人陈宁的状态极佳，在会议中展现出很强的领导力。语言是思维方式的一种投射，他反复强调，要不断追问做这个事的意义到底是什么，我们要解决哪些问题。

"做这个事的意义，一定要传达到位，如果不明白这个意义，效果一定会打折扣。"陈宁在会议中经常如是说。

陈宁当时的关注点很对，状态也好。我现场就表达过对陈宁的欣赏。事后看来，乐凯撒在之后两年也的确取得了很好的发展。

4. 轮岗可能是培养领军人才和接班人的唯一有效路径

我常跟创始人交流，也会跟他们的高管团队和经理人交流，有个很明显的感受，就是在一个企业里，往往只有创始人是"通才"+"专才"，他是能里能外、能高能低的。创始人肯定有自己的局限、短板，需要与其他人优势互补，但他已经在相当程度上多专多能了，因为这个企业是他一手干出来的。

有次跟一位烤鱼连锁品牌的创始人交流，在其一家门店吃饭，也有两位高管陪同。结果吃饭过程中，门店中养鱼的池子不巧出了故障，店长进行了报修，但远水解不了近渴，问题依然存在。没承想过了一会儿，创始人站起身说："我去看看。"结果真的把问题给解决了！我看着他挽起的裤脚，心想："这就是老大啊！"

现在越来越多受过商学院训练的专业人士开始进入商业世界。总体上这是件好事。但我想提醒的是，目前相当数量的商学院教育特别重视分科，这当然符合科学传统，即科学研究的起步是分类，然后是归因，但企业是整体存在的，全局观至为重要。我所担心的是，过分重视分科教育，反倒不利于造就真正意义上的商业精英。

越是高级管理人员，越要重视整车思维，而不是零部件思维。对于一个企业的班子成员而言，在理想状况下，依然可以有专家，但那只是分工不同而已；大家所思考的问题，绝不应局限于各自的专业领域，而是牢牢围绕着企业发展的核心问题。

上述认识最早源于我的一个工作体会。近十年前，在担任《中国人力资源开发》(管理创新版)执行主编期间，我有机会广泛接触各大企业的 HRD，有一个很直接的感受是，那些真正有水平的 HRD 在与你交流时，甚至让你感受不到他是做 HR 的。因此我写下了下面这段话。后来我意识到，这对财务、营销、采购等其他职能也同样适用——

"一个真正到位的 HRVP、HRD，谈的从来都不是 HR 问题，而就是业务问题，只不过他是从组织的角度、人的角度去解决问题。"

"而决定这个 HR 职业段位的，也绝不是 HR 能力，而是他对战略及企业本质问题的理解力。更直接地说，一个真正优秀的 HRD 需要坐在二把手的位置上，操着一把手的心，实实在在解决企业问题！而对于企业家来说，同样面临挑战，因为你得找到一个有一把手素质的人甘愿给你做二把手，这也是相当不容易的。"

常有企业家问我：如何培养未来的领军人才？我的建议是轮岗。常有 HR 问我：如何让自己更了解业务？我的意见依然是轮岗。实际上，一个 HR 再怎么亲近业务，也很难指望他真正像业务老大那样精通业务，否则他就应当成为业务老大，而非 HR。但是如果一个 HR 没碰过业务，就很难指望他能真正了解业务。

我们常说人要学会换位思考，但问题是，人不换位是很难完成换位思考的，能力是经历造就的。否则听了再多的道理，依然是没有感觉，缺乏"体感"。因此，我们能够把握的便是，把过程做对，好事自然来。

关于培养未来领军人才和接班人，我总结的一个公式是：2+2+2+1，指的是经历过两类业务、两类职能、两种场景（例如从 0 到 1，或扭亏为盈），以及至少一次失败。

显然，这不是一个绝对精确的公式。它想强调的依然是轮岗的重要性，要用经历去成就人。但其中对"至少一次失败"的强调是重要的，失败往往比成功能教会人更多的东西，尤其对职业经理人来说，失败是令人痛苦的，但事后来看，千金难买一次失败。

事实上，许多问题都是一体的。人是活不过自己的人生经历的。我观察到许多企业家都是这样，其人生精彩，则事业精彩。

5. 常识感与节奏感是企业家最重要的思维品质

许多企业家都没怎么读过书，甚至完全没必要像我这样读一个管理学博士，但生意依然可以做得很大。就像以前家里的老祖母，许多都没上过学，但面对着一大家族的人，持家可持得好着哩！

从这个意义上，做企业一开始可以不需要那么多知识（尤其对应文凭），但必须要有常识（common sense）。

一个企业家、领导者的思维品质好不好，首先就取决于常识感好不好。如果常识感不好，对要从事的领域中的人与事，没有正确的理解力和判断力，其感觉不对，那就不是长短板的问题了，而是缺桶底。于是就不是水桶能装多少水的问题了，而是它根本兜不住水。常识感这个东西说起来好像很玄，但就是这么回事，你有就是有，没有就是没有。

所谓"常识感"指的是，哪怕生意做得再大，企业家的心里也能一直住着一个"普通人"，能始终关注到普通人的本性，了解他们需要什么样的产品，以及为什么。

这类企业家，总是能很自然地切身理解到普通人在工作、家庭和私人场合想什么，感受到什么，为何事所困，然后一下子抓到问题的本质，好像天生就会做生意似的，而且往往形成概念的能力也很强，三言两句就把问题说清楚了。

我还记得有一次跟西贝餐饮集团创始人贾国龙聊天，无意间聊起对菜品与口味的理解，然后他脱口而出，"辣是霸道，香是王道，鲜是天道"，让我很受震撼。老贾常说，"我就是个开饭馆的"。他开了三十多年餐馆，硬是靠西北菜在中式正餐连锁领域做到全行业数一数二，他对餐馆这摊生意到底该怎么做，有非凡的理解力。

再就是节奏感、时间感的问题了。

许多学者都对战略下过定义，但我喜欢的是，"战略是关于方向、节奏、力度的选择"，除了方向，还要关注节奏与力度。

许多时候，真正有难度的不是判断一件事该不该做，而是判断何时该做，或何时开始、何时终止。Timing is everything（时机最重要）！一个企业家、领导者如果决策目的不清，只能算是犯了低级错误，时间感不对才是高级错误。

审时度势的能力与进退感，往往最见功夫。

然后我们做几条进一步的解释——

6. 洞察需求与做产品的能力是看家本领，别弄丢了

互联网行业的企业家，几乎无一例外全是产品经理出身，而且即使企业大了，其中的许多人依然能保有本色，在产品领域一竿子插到底。这对传统行业的企业家可能是一种提醒，最根本的是产品。

腾讯创始人马化腾被认为是国内最好的产品经理之一。他把腾讯的渐进式创新解释为"小步快跑，试错迭代"。在他看来，也许每一次产品更新都不完美，但是如果坚持每天修正一两个小问题，不到一年，基本上能把作品打磨出来，自己也就有感觉了。

曾主管 QQ 会员业务的顾思斌回忆说，马化腾对页面的字体、字节、大小、色彩等都非常敏感。有一次，他收到一份邮件，马化腾指出两个字之间的间距好像有点问题。可见腾讯的产品精神从源头上就是如此，马化腾自己是这么说，也是这么做的。

有人问马化腾："腾讯有那么多的产品，你是如何做到了如指掌的？"马化腾给出两条答案——

其一，像普通用户一样，每天轮着使用每一个产品。"发现产品的不足，最简单的方法就是天天用你的产品"；"心里一定要想着'这个周末不试，肯定出事'，直到一个产品基本成型"。

其二，经常到各个产品论坛去"潜水"，听到不同的声音和反馈。

在马化腾的推动下，腾讯形成了"10/100/1000 法则"，即产品经理每个月必须做 10 个用户调查，关注 100 个用户博客，收集反馈 1000 个用户体验。

文化与制度一体化才有力量。腾讯的技术职业路径，共分 6 级，从 T1（工程师）到 T6（首席科学家），T4 是中流砥柱般的存在，必须做过亿次级的用户量级才能当选。这便是腾讯。

可以说，从 0 到 1 的能力是企业家的最大本事。几乎每个企业都是因为成功洞察到客户需求，以产品或服务进行交付，才得以在商业世界中立足的。但遗憾的是，许多企业大了之后却逐渐把这种看家本领搞丢了。企业家也很容易自嗨、自我陶醉，不再具有那种瞬间变成"小白用户"的能力，难以体会到一个普通顾客的感知。

尤其对做 To C 业务的企业来说，要想把生意做大，就要尽量做那些符合时代需求、大众认知的产品，而"时代""大众"实际上都是非常主观的界定，就像不同阶段流行的歌曲、电影、审美情趣不同一样。因此，你一旦常识感出问题就很麻烦了。

许多企业穿越不了周期，无法维系曾经高速增长的局面，往往是因为企业家的方向感出了问题，而这背后常常隐含的一个假设是，他依然在用供不应求时代的打法来回应丰饶经济年代的问题。不同时代背景下的企业活法如表 2-1 所示。

表 2-1　不同时代背景下的企业活法

不同年代	突围策略	成功要素
供不应求的年代	First One 战略	人无我有，赢在抢占先机
供过于求的年代	Number One 战略	人有我优，赢在与众不同
丰饶经济的年代	Only One 战略	赢在几无弱点，首战即决战

我经常打交道的企业家群体，集中于"60 后""70 后""80 后"，他们在年龄上能差出 30 多岁，而同时与他们打交道，也让我时常感受到这种代际间的冲突。

有一次，我甚至蛮不客气地跟一位"60 后"企业家说："你年轻的时候，30 多岁，一出手就是未来。因为你就是时代本身。但等到 50 多岁，稍不留神，一做就做成过去了。"当时我很不看好他的一个产品决策，与之争执，不欢而散，但事后看来我是对的。

事实上，我非常尊重这些商业世界的老大哥，而且发自心底地希望他们好。但遗憾的是，想让一个人意识到自己的时代局限性几乎是不可能的，而且越是成功的企业家，就越难打破自己的认知局限，而内部人又常常陷入集体无意识之中。

某种程度上，这就是没有办法的事情。就像是如果指望一名成功导演总是能佳作频出，那么年轻导演恐怕就永无出头之日了。

7. 体察民情要把耳朵放在真正的群众之中，警惕领导的幻觉

我发现古今中外的领袖学说中，往往格外重视诤臣与丑角的关键作用，因为他们直言敢谏，或是无知者无畏。

一把手长期身居高位，总是独自面对不确定环境下的判断与抉择，

又要为所有人赋予行动的决心与勇气，常常要首先对自己注满能量，然后再影响众人前行，在此过程中，稍有不慎，就难免从自信转为自负，此时在李世民身边有魏征这样的人就显得特别重要了。

如果老板总喜欢以自我为中心，热衷于抛头露面、当众演讲，甚至有自恋型人格的倾向，那么内部成员很快就知道自己该怎么做了。在这样的组织里，敢说真话的人只会越来越少，见风使舵的人开始攀上高位，实际上整个组织已经开始癌变了。

精神病学中有一个词叫"二人疯"，指的是心理传染，两个或两个以上的人共享一套心理妄想，彼此依赖与相互强化，然后形成一个封闭社区，结果距离想象世界越来越近，离客观世界越来越远。类似的现象，在企业组织里也时有发生。

我曾经在两家由盛转衰的互联网公司中目睹过这类现象。你会发现，在这类组织中，企业家的决策愈发脱离现实，这不光是企业家个人的事，而且还因为他身边有一个紧密围绕的小圈子，在不断强化领导者的幻觉，然后让企业在错误的路线上越陷越深。在这样的组织里，想听到真话是很难的，因为你会发现，在领导发完言之后，总有几个人率先"带节奏"，然后就把你想说的话给生生堵回去了。

其实这并不是什么稀罕的事。在许多领导风格强势的企业里，很容易看到这类现象。因此，这更多不是性质的差异，而只是程度不同而已。例如，老板问有没有不同意见，没有一个人愿意发言。但只要离开了会议室，不同意见就冒出来了。从这个意义上，许多商业竞争都不是败在战场上，而是输在会议室里。早在开打之前，内部人就有不同意见，或更好的主意，但这些统统都被压抑的组织环境所限制住了。

如果领导者排斥反对意见，只想听到奉承的话，那真是再容易不过了。在这样的组织里，想要达成共识也不是什么困难的事，老板强行达成共识就好了。但问题是，这中间的欠账迟早有一天是要还的。

在通往成熟组织的路上，领导者也要学会"仰视"自己的下属，重视内部的"不谐之音"，就像矛盾是事物发展的动力，在适度范围内的"建设性冲突"是企业应有的正常体征。

以上两条谈的是对事与对人的常识感，然后是节奏感——

8. 企业成功往往是阶段论的成功，狠抓各阶段主要矛盾

企业是一步步长大的，不同阶段要解决不同阶段的问题。

尽管我们在商学院读书的时候，同一年要上很多门课，每门课看似都很重要，但企业在成长过程中遇到的问题与挑战，却往往是渐次展开的。任何一个企业的资源都是有限的，但是比人、财、物资源更稀缺的是企业家、一把手的注意力资源。

值得思考的是，你所在企业的竞争优势处在哪个阶段、哪个段位上？关键是抓主要矛盾，或矛盾的主要方面。在每个成长阶段，要同时处理的事总是很多，但最重要的事只有一件。

2016 年夏天，我在对大量企业实践进行总结的基础上，提出了"企业成长阶段论模型"（见图 2-2），这些年不断跟各行各业的企业打交道，更加确信该模型是经得起时间检验的。

第一阶段外部环境的顺风车，核心是拼产品和时运。在创业早期，企业往往要赶上一轮外部环境的顺风车，才更容易事半而功倍，如消费需求的爆发、技术规模化应用的前夜、产业转换的窗口期等。

做企业总是"大的道理"管住"小的道理"，行业 > 经营 > 管理，取势至关重要，即在踩准趋势的前提下，以产品创新突围。

图 2-2 企业成长阶段论模型

第二阶段是拼品牌。创业创新有一个"羊群效应"，即头羊赚到了钱，跟随者很快蜂拥而至，行业竞争环境迅速从蓝海变为红海。此时，如何能让消费者在众多选择中优先选择你便成了一个核心问题。于是，许多企业开始致力于营销与品牌建设，例如率先抢占消费者心智，成为某一细分品类的第一品牌。

第三阶段战略定位，考验的是企业家的定力。创业者早期的思维方式普遍都是发散式的，通过不断试错而试对，往往同时运行着多个项目或业务。尤其随着早期的成功，自信心与资金的积累还会助长这类创新活动。但接下来，精力就顾不过来了，况且不是每块业务都有前途。此时，选择不做什么比选择做什么更重要，要聚焦主航道。

第四阶段才是组织管理。这时企业已经度过了拼产品创新、拼销售、拼品牌、拼战略、拼运营模型优化的阶段，接下来若是无法取得下一步的成长，往往就是因为卡在组织问题上了。

第五阶段是战略延展性。当主营业务遇到增长瓶颈、成长极限时，适时启动二次创业。

好的企业家总是能够听到企业成长的脚步声，然后拿捏好变革的节奏感：什么时候该抓什么，该放什么？什么时候该紧、该松？什么时候该猛、该宽？在什么事情上该长驱直入，在什么事业上该放任拖延？

我在与企业家交谈时，也会关注他们对于时机的敏感性。例如，在与喜家德创始人高德福第一次交流的过程中，我便注意到，他的大多数表述都跟时间有关。例如，"一生做好一件事"，这是他的名言。"目标工作法"（见图 2-3），这是喜家德内部的一种工作方法，核心是四个步骤：① 找到自身优势；② 解决主要问题；③ 设定阶段性目标，使命必达；④ 累加阶段性成功。再如，老高特别强调企业扩张中的"根据地"战略，先做好根据地，然后开遍全国、遍布世界。最后是他希望喜家德能够"传承百年"。

图 2-3　喜家德的"目标工作法"

我参与和见证了喜家德在 2017 ～ 2019 年的快速发展，从区域扩张的角度，2017 年主攻北京市场，2018 年挺进深圳，2019 年进入上海，几无闪失。在这中间，老高对节奏感和分寸感的拿捏，令我颇为难忘。这是一种很重要的本事。领导是一门技艺，许多时候拼的就是对火候的掌握。

9. 反思后形成本质性、系统性、动态性的思维能力

很大程度上，企业的成长取决于企业家自身的成长，而企业家的成长，取决于思想上的进步与思维能力的提升。

就像长期的体育锻炼会给你留下一身腱子肉，长期的思维训练也能不断强化你的思维能力，然后别人评价你看问题总是看得很透、有高度、有预见性和判断力。这中间的过程，最重要的就是要不断地反思、归纳、总结、提升。就像那些历史上的名将，他们未必打过那么多的仗，但是善于从每一场仗中学到东西，关键是把问题想得很透。

思维能力进步的背后是什么？是认知坐标系的建立，这意味着你的思维开始分层分类了，对一件事物的判断变得有概念了，否则就还是一团糨糊。然后开始分得清事的大小、人的远近、分寸的轻重、事件的缓急等，再然后是一系列范畴和概念的确立，实际上这些往深里说，本质上都是哲学命题。

如果一个人面临精神困扰、价值观冲突，从深处讲这都与这些范畴和概念的迷失与混乱有关，或者说是由其造成的。而这些范畴和概念一经形成和确立起来，它们就沉淀为我们的一种心理结构，为我们的人生提供了一种时空观、价值观和是非观，成为我们内心深处的基本假设系统。这些才是一个企业家最宝贵的精神财富。

某西方管理学文献上讲，"从最根本上说，管理工作就是对那些压在管理者头上的杂乱无章、不断变化而又令人困惑的不同需求保持觉察、给予关注，进行分类，并排出优先顺序。它是从混沌中创建秩序。它是一种艺术，而不是科学。主动的'觉察组织'和'精明的注意力分配'是管理工作的首要特征"。

简言之，做领导者就要拎得清。你会发现，那些能把企业管好的领

导者，总是能穿透商业的热闹，直插问题的本质，切中要害。

许多大企业家的思维水准往往颇具哲学高度，他们未必读过哲学，但却暗合哲学原理，比如经常不自觉地运用对立统一、量变质变、否定之否定等辩证法原理。就像格鲁夫所说的，"好的组织，是完全的'任务导向'与完全的'功能导向'之间的混血型组织"。他的这种表述是有哲学意味的。

好企业往往是兼顾悖论的，它们善于在矛盾中把握住一种平衡，诸如效率与效能、集权与分权、稳定与变革等。

在学习过程中，如果不是自己跌倒了重来，有什么方法可以减少我们的试错成本？肯定是学习别人的经验。就像哈佛商学院推崇的案例教学法，某种程度上帮学员完成了一种情景模拟，借此实现一种头脑中的商业训练。当然，再好的训练也不能等同于实战，但这就像在正式上路前先拿到驾照，依然有很大的价值。

同时想做一点提醒的是，同行间的相互取经固然是好的，但经验的作用很可能是有限的。每一种管理工具的适用性都有其边界，如果我们忽视了这一点，就很容易犯明茨伯格所说的那个错误：对于一个手拿锤子的孩子来说，所有的东西看上去都像是钉子。

重要的不是现象与现象间的关系，而是变量与变量间的关系，那才是规律所在。观察到世界杯对股票产生影响只是现象，理解了情绪与市场间的关系才算把握住规律。逻辑能够帮助我们放大知识的边界，这或许也是一种百战之后再读书的意义了。

10. 领导力的心法大于技法，终究要演出自己的内心剧场

如果说上述九条谈的主要是领导力提升的理性面，与技法有关，那

么下述六条更多涉及的则是领导力提升的人性面，与心法有关。

欧洲工商管理学院教授弗里斯被誉为"管理思想界的弗洛伊德"，他热衷于从精神分析学看待领导力问题，并提出——

"其实某些最大的、看似最成功的组织的负责人，远远不像我们期待的那样理性……"

"如果我们想理解一个人，首先弄清这个人的成长背景……我将经常提到'内心剧场'（inner theater）：什么驱使着你？什么对你而言是最重要的？你热衷什么？……在内心剧场，我们演出内心剧本（inner script）——定义我们性格和人生的剧本。"

从这个意义上，领导力的发挥是技法，但更是心法，企业家、一把手终归是要演出自己的内心剧场。

举一个与经营问题有关的例子。英特尔的传奇 CEO 安迪·格鲁夫，写过一本名气很大的书《只有偏执狂才能生存》，英文"only the paranoid survive"。但实际上这个书名翻译得不太对。"paranoid"是一个精神病学词汇，指的是迫害妄想症、多疑病。否则，你就很难理解书中的这段话——

"我常笃信'only the paranoid survive'这句格言……我不惜冒偏执之名而整天疑虑的事情有很多。我担心产品会出岔子，也担心在时机未成熟的时候就介绍产品。我怕工厂运转不灵，也怕工厂数目太多。我担心用人的正确与否，也担心员工的士气低落……但是这些疑虑，与我对所谓'战略转折点'的感受相比，就不值一提了。"

如果把"paranoid"理解为"偏执"，你会发现，格鲁夫可不是一个作风刚猛的人，恰恰相反，他怕这怕那、谨小慎微。恐怕翻译成《只有迫害妄想狂才能生存》，才更贴切一些。

格鲁夫在企业里战战兢兢的表现，跟他的成长背景有很大关系。格鲁夫有这样几个明显的传记特征：① 他是一位生于匈牙利的犹太人，战争期间长大，年少时目睹过自己的妈妈被强奸，可想内心曾经历过怎样的挣扎，自此视一切辛苦为平常；② 他 20 岁时偷渡到美国，后来专门写过一本书《游向彼岸》，偷渡客的心态是什么呢，那便是生怕被抓住和被遣返；③ 格鲁夫很小的时候得过猩红热，差点一命呜呼，并导致他一生耳背，这也令他比一般人更加敏感，察言观色的能力很强。

格鲁夫为英特尔做出的成功战略转型，便与他的个人传记特征有关。英特尔原本主要是做存储芯片的，后来彻底转型做微处理器。而之所以果断做出这一决定，最早是因为格鲁夫与日本同行交流时，他感到对方已经对英特尔失去了往日的敬意，同行的许多人不以为然，但格鲁夫认为不对，一定是英特尔已经开始失去竞争力了。

幸好格鲁夫及时做出了决断。这个"战略转折点"来得有多么剧烈而突然呢？尽管 1984 年英特尔的业务已经出现了下滑，但仍有 1.98 亿美元利润，而到了 1985 年，就不足 200 万美元了。就这么快！

真是什么样的人做成什么样的事！尽管格鲁夫常说，"高层管理者有时直到很晚才明白周遭世界的变化，而老板则是最后一个得知真相的人"。但就是这样一个忧患意识强烈的格鲁夫，才能让英特尔在一个变化如此迅猛的行业里，长时间勇立潮头。

另举一个与管理问题相关的例子。几年前参加一个海底捞管理模式研讨会，有人谈到不喜欢《海底捞你学不会》这本书，认为写得太煽情了，都没写技术方法，也没列表格工具，我当时也谈了自己的看法——

读管理学书籍不是看菜谱，你那边教我两招，我这边就能上菜。如果人是食材就好了，但哪有那么简单？因为你管理的是人，有时候心法到了，手法弱一点也没关系，怕的是反过来，手法很强，心法没有，则一齐被放倒了。

就像《红楼梦》里的薛宝钗用尽心机想让贾宝玉爱上她，但宝玉偏偏爱黛玉，为什么？当心机遇上了真情，统统都被化解。

好的企业，大道至简。你的企业，是建立在爱的基础上，还是建立在恨的基础上？这是《海底捞你学不会》给我的第一点启发。这是个很值得深思的问题。

而且，人是很诡异的动物，他对真情极其敏感，眼睛里容不得半点沙子。你是真的关心员工，还是以此为手段来利用员工，他分明感受得到。如果一下子味道变了，管理效果就出不来了，你死给员工看都没用，他不会听你的。

所以在管理学界，像麦格雷戈这样的大师级学者很早便意识到，企业不仅要重视理性面建设，更要重视人性面。员工的智慧是无穷的，足以对付管理者设计的任何控制制度。因此，企业内更根本的不是线性的控制关系，而是非结构性控制——

"上下级关系的环境并不是由政策及流程决定的，也不是由管理者的个性决定的，而是由管理者根据自己的管理理念及对人性本质的基本假设所不经意表现的日常行为决定的。"

这就解释了，别人家的管理制度，即便你照单全收也学不会，员工们还是会觉得不大对劲儿，做着不像，甚至味道都不搭！

事实上，越是高水平的管理，越需要"管理的善良"。许多提升领导力的训练习惯于从技法上做文章，但更根本的是要调整你内心的假设系统，那才是一切问题的源头。

黄铁鹰在《海底捞你学不会》中写到，张勇14岁时躲在图书馆里，把卢梭、尼采、柏拉图、孟德斯鸠等西方哲学家的书囫囵吞枣地看了一遍，甚至把《第三帝国的兴亡》读了3遍，不管是否看懂，他竟有耐心看完《上帝死了》这样的书。黄铁鹰问他："这些书对你最大的影响是什么?"张勇说:"天赋平等的人权和尊严。"

所以,我们说"海底捞你学不会",根本意义上不是学不会办法,而是你学不会张勇,你就不是那样的人。你心中有什么样的种子,最终才能开出什么样的花。否则,假的终归真不了。

11. 企业不同阶段的心法不同,领导者必须实现自我升级

企业在不同阶段要面临的挑战不同,领导者要扮演的角色不同,其背后的心法也有所不同。

小企业的领导者,其内心的成就动机往往很强,总是想自己成就一番事业,凡事勇于争先、长于较量,但企业的规模越大,越需要领导者的"悬挂能力"要强,在心态上有一种"退居二线"的感觉,即在幕后发挥影响力,把冲锋陷阵的成就感留给其他人。

在企业不同成长阶段,内部人对领导者的称谓和心理定位也会发生转变。最早你是团队的"头儿",大家管你叫"老大",你是所有人的大哥,跟兄弟们一起撸起袖子干活;之后队伍越来越大,你开始学着驱动整个组织,而不再直接做业务,变成了定方向的人,大家管你叫"总裁""CEO";再后来企业演变为集团公司,你的身份进一步往后靠,开始担任董事长,甚至有可能不问具体业务,更多扮演"精神领袖"的角色。从"头儿"到"总裁",再到"精神领袖",各阶段要面临的考验显著不同。

可以说,企业越大,越需要企业家勒紧成就动机,发挥影响动机。与之对应,企业内部的管理导向也逐渐从强调老板个人理性、个人权威转变为尊重组织理性、制度权威,不再唯老板马首是瞻。

举一个华为的例子。有一次,肖钢(时任中银董事长)带人到华为

参观访问，任正非和肖钢面对面坐着交谈，坐在任正非旁边的是徐直军（华为副董事长，轮值 CEO）。任正非对肖钢谈到了华为正在实施的 IPD（integrated product development，集成产品开发），结果徐直军笑着对肖钢说："其实我们老板并不懂什么是 IPD，他只知道这三个英文字母。"肖钢带着好几个人，徐直军这样说让他们很吃惊，他们心里一定在想：下属怎么能这样说老板？更让他们吃惊的是身为老板的任正非听到徐直军这样说之后，还笑着回应："本来就不懂，本来也不归我管嘛。"

任正非曾这样描述自己："我什么都不懂，我就是一个既不懂技术，也不懂管理，只不过是能够把大家聚在一起来做点事的一个穿着皱巴巴的衣服的平庸老头。"但没有人会否认他对华为所做出的巨大贡献。他早已不是一个业务高手，但他是组织能手。他不再是任何方面的专家，他是一位企业领袖。

是企业在气质上只是个"企业家的企业"，还是领导者能适时转变为"企业的企业家"？这对企业成长而言是惊险的一跃。李嘉诚说，"建立自我，追求无我"，背后对应着一种对人性的超越。

许多企业难以取得进一步的成长，往往就是卡在这个问题上了——企业家的心量还能不能更大一些？

12. 改造一个人是上天的事，领导者的责任是用人所长

现在没有哪个领导者不知道用人所长的重要性，但麻烦的是，影响领导者与成员关系的问题在于，领导者总是想改造下属，尤其是不自觉地将自己作为一个成功的模板，而这常常招致下属更多的反感。

人人都只能成为他自己，也只应成为他自己。

几年前拜访信誉楼百货集团，其创始人张洪瑞的一句话让人印象深

刻："领导者要做木匠，不要做医生。"因为在木匠眼里是没有废料的，即便是一根小木条，也可以用来做楔子，而在医生眼里就没有完全健康的人了，是个人就有大大小小的毛病，所谓"木匠眼中无弃木，医生眼中皆病人"。

管理学大师德鲁克经常谈论组织管理的问题，在他看来，组织是实现人类成就之手段，人的成长和满意才是目的本身。德鲁克谈得很多的一点是，"让人们持续一致地发展，让他们根据自己天然的长处发展成于己、于人、于社会都有用的人，而不是试图让人变成不是他本来应该的样子"。

但这是不是与"跳出舒适圈"的理论相悖？我的回答是：要承认人是生而不同的，人分不同类型，即能力可以拓展，但类型无法改造。概言之，与其训练火鸡上树，不如一开始就去找猴。某种程度上，团队互补的意义也正在于此。

现在每个领导者都知道要团队互补，但互补可不仅意味着成就自己，还包括硬币的另一面，即迁就对方。

人人都向往"刘关张团队"，那真是一个理想的团队：人格上相互信任，能力上相互欣赏，价值观上志同道合。遗憾的是，这样的团队千年等一回，少之又少。

现实中更多的是"唐僧团队"。团队中只有唐僧对目标最执着，像极了企业中的创始人；孙悟空自以为是，但能力很强；猪八戒虽然懒一点，但乐观幽默；沙僧很少谈理想，但高度务实。这更像一个正常团队该有的样子，教会我们求同存异的重要性。

13. 真诚领导力最直抵人心，你是谁你就呼唤出谁

近些年，领导力领域的一个重要研究方向便是"求真"，进一步重

视"真"的重要性，提倡做真我领导者，提升真诚领导力。

不过在我看来，唯独"真"这一条不需要做太多解释，它在现实中来得是如此直接。领导说的到底是不是真心话？他这次是不是要玩真的？他真的是这样一个人吗？只要被下属质疑了真实性，那所有的管理举措都要面临土崩瓦解的危险了。

表里如一、言行一致、知行合一，其实既是一种最低要求，也是一种最高标准，难的是日复一日地真正做到。

真诚是直抵人心的力量。在领导与成员关系中，没有任何道路通向真诚，真诚本身就是道路。

其实我在写这 15 条认识的时候，许多事又在我心中重新过了一遍。比如本尼斯认为，领导力跃升必经历一次人生熔炉，对我来说就完全是这样。经历事情之后再回头看，才发现王阳明说得太对了，真的是"人须在事上磨，方立得住；方能静亦定，动亦定"。

正因为我做过一把手，然后才体会到：① 一把手跟二把手有本质区别，一把手无路可退；② 管理者在聚光灯下，任何行为都可能被解读，管理者天然没有同盟军；③ 企业所需要的解决方案和创造力，早已存在于组织之中，但我把一切都搞糟了。

正因为我经历过失败，经历过内斗，经历过散伙……然后在亮马桥的长夜痛哭中，一幕幕的往事又浮现在眼前。我开始明白了明夫先生的那句肺腑之言，"要在你灵魂深处彻底放弃跟员工博弈的念头"。我终于意识到，跟精英分子工作是要"搏傻"，比谁比谁更傻，而不是拼聪明，你要勇敢地说出"我不知道"，而不是证明自己很强。当你摸不清自己的斤两，试图端起来的时候，相互折磨就开始了……

后来我写了一段话给自己："在领导与成员关系中，你是什么，你就呼唤出什么。你简单，世界就不复杂。你卑鄙，世界就更难看。你抬高自己，就成了孤家寡人。你放低身段，人才就流向海洋。"

正像企业文化专家、我的好友解浩然博士所说的："领导力本质上是一种影响力，是一种场力，让人心甘情愿地追随，并心甘情愿地改变自己。好的领导、好的导师如同一面镜子。人格是无声的命令。"

14. 企业家的作用无可替代，他是为企业守魂的人

这几年，一些企业家逐渐淡出日常经营，做一把手的确太辛苦了，而且很少有人能全身而退。因为我最擅长的领域是组织管理，就常有企业家问我：如何成为一家基业长青的企业？实际上他是希望做成一家能依靠职业化管理长期存续的企业。

我的回答是：几乎不可能。首先，基业长青就是个小概率事件。基业长青的一个先决条件是需求长青，即需求没有发生大的改变，例如像宝洁公司所从事的业务领域，那么技术才有可能不需要大的改变。很少有高科技企业能够穿越两个技术周期。而且，越是当变革来临的时候，越需要有卓越领导力的企业家站出来主持大局。

其次，即便是像 GE、丰田这样基业长青的企业，也有赖于一代又一代富有企业家精神的接班人带领企业跃上新的台阶。

仅仅依靠职业经理人是不够的，至今为止，似乎没有任何证据能够证明，企业经营水平能够摆脱领导力的存在而存在。我们需要注意到，即便从业绩和市值上看，库克已经是一名足够合格的 CEO 了，但苹果的精神气质依然是乔布斯留下来的。倘若苹果能开创下一代消费电子业的新风潮，那么它需要的依然是一个像乔布斯般伟大的变革者。

站在企业内部来看，企业运转是需要能量的，需要企业家将心注入，为整个组织赋予心灵的力量。方向感和意义感是至关重要的。人为

金钱而工作，为理想而献身。领导者是希望的经营者，是那个举火把的人。就像克劳塞维茨在《战争论》中写到的："当战争打到一塌糊涂的时候，将领的作用是什么？就是要在茫茫黑夜中，用自己发出的微光，指引着你的队伍前进。"

正像经济学理论需要有人去守夜，管理学理论需要有人去守魂。如果说好企业有灵魂的话，那么企业家便是为之守魂的那个人。

稻盛和夫经常讲的一个故事，是发生在他身上的一次重大的领导力提升。当时他创办京瓷公司不久，就发生了员工提出不涨薪就走人的事情，双方产生了激烈的冲突和博弈，员工怎么都不愿意相信资本家的承诺。结果谈了三天三夜，直到稻盛和夫彻底推心置腹，员工们才最终收回要求，留在了公司，工作也比之前更加卖力。

稻盛和夫后来谈到，这一事件成为契机，让他开始意识到企业经营最根本的原则是什么。

在那之前，技术员出身的我，成立公司的动机就是"希望让自己的技术问世"，对公司的未来，也仅是想到"只要忘我工作，吃饭问题总能解决吧"这样的程度……

那时，我深切感受到"自己干了一件始料未及的傻事"。此刻我才发觉：经营企业，"并非要实现自己的梦想，而是要维护员工及其家庭的生活，不仅是现在，还包括将来"。我从这次经历中吸取的教训就是——

所谓经营，就是经营者倾注全部力量，为员工的幸福而殚精竭虑；公司必须树立远离经营者私心的大义名分。

好一个大义名分！有这样的领导力，何愁组织没有战斗力？

从这个意义上，正如巴纳德在《经理人员的职能》一书结尾处谈到的，"作为整体的创造职能，是领导的本质，是经理人员职能的最高考验""领导的质量、其影响的长久性、有关组织的持续性以及所引起的协调力，都表现着道德抱负的高度和道德基础的广度"。

"在合作的人群当中，可见的事物是由不可见的事物推动的。塑造人们的目的的精神，是从'无'中产生的。"巴纳德如是说。

反过来，现在也有一些企业过于看重管理中的科学成分，重管理而轻领导，片面追求标准化管理、职业化建设，反倒把企业做成了一个水土不服、灵魂出窍的企业。尤其在数字化转型大行其道的今天，这一倾向是更需加以警惕的。

15. 领导力是一种自我期许，最终是成为更好的自己

关于"领导力是一种自我期许"，首先讲一个故事。

2016 年年底，我跟云海肴餐饮公司联合创始人、CEO 朱海琴在大连偶遇，她是我在和君商学院三届四班的同班同学，那时我还在南开大学读博士，所以很有几分"恰同学少年"的情谊在，但后来大家都忙，转眼好多年没见了，于是我们相谈甚欢。有时把时间线拉得越长，就越能体会到那份相伴成长的意味与彼此间的生命关照。

海琴说："企业成长、人生成长，其实都是自己给自己找的麻烦。"她说这番话的背景是，云海肴创业的头三年，只有 3 家店，但接下来的三年，极速扩张到 90 多家店。当外界都把云海肴当作创业成功典范的时候，巨大的管理压力让她心力交瘁。但问题是，如果没有快速奔跑的那三年，她连面对这场挑战的机会都没有。

我听了很有感触，有多少创始人的处境都是这般的喜忧参半，时而是"春风十里不如你"，时而又是"人生之不如意十之八九"。

我观察到的企业家群体常常是这样子的：有对现实的担忧，有对辉

煌的向往，急迫感与成就感交织，被自我赋予的使命感驱使着前行，但与之相伴而来的，就是最真实的成长。

我忘不了那个更年轻时的海琴。我跟海琴认识时，她只有 23 岁。当时和君商学院有一个传统，每位同学都要写一篇期中作文，主题是"我的理想"，题目自拟，然后同学间交换阅读。我至今都清晰地记得，23 岁的海琴在作文中写下"做一个江河般的女子""纵使一生漂泊，但从未停止过对梦想的追求"。当时这篇作文就深深打动了我。那时我肯定不知道她会走上创业之路，但是我跟海琴说过："我相信你无论做什么，未来都会有一番成就，倘若有一天你要出自传的话，要把推荐序的部分留给我！"

所以，我此刻为海琴感到骄傲，不仅是因为她创业成功了，把企业做大了，更是因为我真的看到了那个年轻的、有梦想的女孩儿，离她理想中的自己更进一步了，她成了一个更好的自己。"梦想因坚持而可贵"，我在海琴身上看到了一个自我实现的样本，乃至我此刻写下这一故事的时候，内心依然有满满的感动。

在领导力领域，我非常欣赏斯坦福大学马奇教授的一则见解，他认为伟大的领导者应有两个要素：你要保有激情，同时要足够自律。

就像路遥所说的，"只有初恋般的热情和宗教般的意志，人才能成就某种事业"。

马奇在他的领导力课上非常推崇堂吉诃德。不少人觉得堂吉诃德是个滑稽人物，总喜欢大战风车，但马奇认为，塞万提斯的小说别有深意。这部小说中最重要的一个句子是" yo se quien soy "——我知道我是谁。正因为堂吉诃德知道他自己是谁，所以他会采取行动。在行动前，他会扪心自问："在这种情形下，一个骑士会怎么做？那么我就那么做。"

这是一种重要的态度，它表明一个人并不是因为期待有好的结果，才做出伟大的行动。而是你之所以做出伟大的行动，只是因为对你那样的人来说，这是适当之举。这种行事态度显然有它的局限，但对伟大的领导者来说，却是非常重要的。

举个例子。每个少年都有他心目中的运动英雄。对我来说，科比就是乔丹之后最伟大的篮球运动员。他成就非凡，注定成为传奇。

我永远都忘不了科比的最后一战。2016 年 4 月 14 日，洛杉矶湖人队主场迎战犹他爵士队。对我而言，那场比赛就是科比大战风车。赛前，洛杉矶地铁局决定将距离球馆最近的地铁站临时更名为"科比站"。科比在湖人队效力二十年，真正书写了一人一城的传奇。

我无法忘记，这位湖人队领袖在他退役日当天，带着满身伤病砍下 60 分。这是多少 NBA 球星一生都无法企及的高分啊。但是科比胜利后没有笑容，他紧咬牙关、神情决绝，反复捶打着自己的胸膛，然后穿过人群，跟他曾经的队友奥尼尔打了声招呼。我想那一刻，奥尼尔可能会动容。这对曾经的搭档就像是欢喜冤家，一度科比总嫌弃奥尼尔太乐天、不训练，但奥尼尔认为科比太偏执。但这就是科比，他是个疯子，他选择成就一种伟大。

曾有记者问科比："你为什么会如此成功？"科比反问："你见过凌晨四点的洛杉矶吗？我见过。"在科比漫长的 NBA 生涯中，他总是坚持第一个出现在球馆里。科比退役，从此不见凌晨四点的洛杉矶。

我在电视机前哭成泪人，这就是我心目中的篮球英雄。NBA 官方致谢科比："感谢你如此热爱篮球。"但就像科比说的，"I do what I do"（我做了我该做的）。

我们在许多时候，可能都不知道自己究竟是谁，就像堂吉诃德那样，在别人看来就像个傻子。但是我们非常清楚，那个预期中的、理想中的自己是谁，或者说自己应该是谁，想要成为什么样子。

那才是我们的身份所在——你做出伟大的行动，并不是为了有好的结果，而是因为对你那样的人来说这是应尽之事、适当之举。

"光荣在于平淡，艰巨在于漫长。"伟大在于管理自己。当你用"身份的逻辑"取代了"结果的逻辑"，你从此就保有了激情与自律。

就像堂吉诃德那样，像科比那样，像个战士一样。

以上是我对领导力提升的 15 条认识，最后一句话，送给领导者们——

领导是领导者的生活，我们必须花费一生的时间培养自己成为更好的领导者，但终究是为了成为一个更好的人、更好的自己。

〰〰〰〰〰〰〰〰〰〰〰〰〰〰〰〰〰〰〰〰〰〰〰〰〰〰

1. 重大的领导力提升必经历一次彻悟，否则是学不会的

2. 人是活不过自己的人生经历的，要用经历去成就人

3. 重视领导力提升的关键转折点和窗口期，如上任第一年

4. 轮岗可能是培养领军人才和接班人的唯一有效路径

5. 常识感与节奏感是企业家最重要的思维品质

6. 洞察需求与做产品的能力是看家本领，别弄丢了

7. 体察民情要把耳朵放在真正的群众之中，警惕领导的幻觉

8. 企业成功往往是阶段论的成功，狠抓各阶段主要矛盾

9. 反思后形成本质性、系统性、动态性的思维能力

10. 领导力的心法大于技法，终究要演出自己的内心剧场

11. 企业不同阶段的心法不同，领导者必须实现自我升级

12. 改造一个人是上天的事，领导者的责任是用人所长

13. 真诚领导力最直抵人心，你是谁你就呼唤出谁

14. 企业家的作用无可替代，他是为企业守魂的人

15. 领导力是一种自我期许，最终是成为更好的自己

领导力的心法大于技法

总裁教练是一个"稀罕"的职业。时至今日，仍然有许多企业家和高管是不知道有这份职业存在的。2005 年，伟俊决定开始"吃螃蟹"，成为国内以全职身份从事总裁教练工作的第一人。

伟俊喜欢强调，"第一人"不是指做得最好，而是第一个做。

总裁教练是一个"危险"的职业。人们常说，"伴君如伴虎"。总裁通常是企业里面的老大，伟俊便是那个"伴君"之人，不仅如此，他常常还要给总裁挑毛病，看来真是吃了熊心豹子胆！

但"当局者迷，旁观者清"，一把手也要不断成长，如果一把手已经认识到自己真正的问题是什么，他一定会想办法解决，但问题在于，他常常是不知道，或不愿意面对自己有什么问题。这时候，总裁教练就要勇于成为那个帮一把手认清问题的人。

截至 2021 年，伟俊已经做了 16 年的总裁教练，而且大概率还会继续做下去，看来他这个教练做得还是有些价值、有些道行的，否则，早就被总裁们"干掉"了。

总裁教练还是一个"神秘"的职业。 因为其核心工作场景往往只发生在总裁与教练之间，等于是关上门办公的，内容其他人不得而知，于是就平添了一份神秘色彩。

我刚认识伟俊的时候，就很想知道：他跟总裁们到底说了什么？怎么说的？总裁是如何回应的？伟俊能接得住吗？他真能帮到对方吗？后来我发现，不仅是我对此感兴趣，不少企业家、高管、领导力学者，也很想知道伟俊是如何工作的。但碍于保密原则，这通常很难办到。

不过这下好了，第 3 ～ 5 章集中展现的便是伟俊这十几年来一些最重要的教练心得，相当程度上等于把他的工作方式做了一次"和盘托出"，能让感兴趣的读者们一探究竟了！

伟俊很会讲故事，善于做场景还原，因此，读这些文章时常会有一种置身其间的感觉。有时读得心惊肉跳，有时读得会心一笑，甚至有时候，读完了还会睡不着觉！

伟俊常跟我说，领导是一门艺术，而不是科学，他打过交道的每一位老板都各有不同，所以他每次的工作方式及内容也不一样。不过在我看来，伟俊做教练还是有一些常规套路的，比如，他经常帮老板做动机测试，测测对方的成就动机、亲和动机、影响动机跟对方自己想的是否一致，以及符不符合企业的实际情况与发展需要。

伟俊非常清楚，他不是咨询顾问，他是总裁教练。他真正要帮总裁解决的不是一个问题，而是一类问题。而许多问题背后的症结，往往都指向一把手内心的方寸之地。如果不在这个根本层面把问题解决掉，许多表象的麻烦即使暂时没有了，但终归会找回来的。

因此，伟俊关心的不是事情，他关心的是人。他在意的不是领导力的技法，而是其背后的心法，那里往往潜藏着一切问题的答案……

1. 要想成就企业，勒紧成就动机

成功创业者的一个显著特征，就是他们对个人成功的巨大渴求。这种渴求曾支撑、激励他们历经千辛万苦得以创业成功，但这种渴求能否帮助他们成功守业、"转型"或"二次创业"呢？

老刘是个典型的创业型老板，事无巨细，一竿子插到底，在销售领域尤其如此。就说他的办公室吧，主要的那面墙上，不但密布着今年每个月各分公司的销售业绩，还有去年和前年的相应数据作为比较。每个初次走进这间办公室的人，往往会误以为错进了销售副总的办公室。公司内外，大家都为老板对销售数据的精确把握所折服。

在该行业销售的江湖中，老刘是一条"浑身上下都长满牙齿的大鱼"。从15年前某500强公司的销售明星、10年前自创企业，到今天拥有一个年销售额达25亿元人民币的公司，老刘本性依旧。每当有大的猎物出没，他的眼里就会放出异样的光芒，身体里就像有千百副拳脚想要施展。自然，亲力亲为成了他的典型特征。但是，老刘越是亲力亲为，下属就越是无所事事；老刘越是事必躬亲，下属就越是心灰意懒。"一头勇猛的狮子带一群温顺的羊"，成了老刘与其团队之间关系的形象写照。

我当老刘的教练半年多了。经过不断地劝说、提醒，并被"逼"着参加了两次相关研讨会和讲习班后，老刘似乎已经理性地明白自己应该授权，应该做指挥、教练而不是"先锋"。但一遇到具体事宜，他总有亲力亲为的理由："没办法，这个销售主管还不够成熟，我必须亲自出马""这个单子太重要了，我不能不过问""这个竞争对手太厉害了，我不去拿不下这一单""这个客户是我三年前亲自开发的，客户点名要我亲自去"……

我感觉，如果不让老刘"下意识"里的某些东西浮出水面，我再怎么在意识层面启发、诱导他，恐怕也难以真正奏效。于是，我提议让老刘做一个有关"社会动机的测试"。结果显示，老刘的成就动机远远高于他的亲和动机和影响动机。

"老刘，我看你是没救了。"

"开什么玩笑？老张，快解谜吧！"

在把三种社会动机或曰"内驱力"分别解释完毕后，我告诉老刘："你的成就动机造就了你不甘人后、不屈不挠的特性，这是你当初成功的基石。你个人的成就欲越强，你成功的可能性就越大。"

"当然，那还用说。创业以来，我就一直和员工讲，不是做梦都想成功的人，别到我的企业来。"老刘忍不住插话。

"但那是针对你的创业期而言，现在你是一个上规模企业的一把手了，你的成就欲已经成了你的企业发展的最大障碍，说不定以后还会成为公司倒闭的主要因素呢！"

"老张，你太耸人听闻了。想成功怎么就成了导致失败的原因了呢？"

"在你看来，是你个人的感觉重要，还是企业发展的结果重要？"我问老刘。

"当然是公司发展重要，实际上，我已经把自己的一切都交给公司了，还要什么个人感觉！"

看到老刘"上钩"了，我暗暗自喜，接着说："尽管你嘴上老说'结果导向'，但根据我半年多来的直接观察和详尽调研，你就是一个只要自己的个人感觉而不顾公司发展结果的老板。"老刘的眼睛瞪大了。

我接着说："我曾经不止一次地提醒你，你的亲力亲为不利于下属的管理能力的发展和主观能动性的发挥，你表示赞同。我有一次甚至提到你如此亲力亲为，实际上是剥夺了下属行使岗位职责的权力，扼杀了他们的创造精神，你表示默认。实际上，你心底明白，你的亲力亲为导致优秀的下属出走，留下的下属无能，整个公司只有一个人长着脑袋，其余的人都只用手和脚，结果对公司的影响明显是负面的。然而，你还是一如既往、一以贯之地亲力亲为，乐此不疲，坚持不懈。为什么？因为这样做能让你个人不断有成就感，能让你在心理上频繁地感到满足。你实际上把自己一时的痛快建立在了牺牲公司长远利益的基础上。"

看到老刘的眼珠都快要瞪出来了，我转向委婉："这都是你的成就动机惹的祸。要是你的成就欲低一些，或你的影响欲和亲和欲高一些，你就不至于如此亲力亲为了。然而，这些所谓的社会动机或内驱力都是在无意识层面上起作用的，你并不知道你实际上已经被它们绑架或俘虏了。从这个意义上说，你是没有责任的。"

"哦。"老刘松了一口气。

"这些动机，基本上是天生的或者说是在儿童期形成的。责任，应该都是你父母的。"老刘这下乐了："你又开玩笑了，老张，还是说说我该怎么办吧。"

"成就欲本身没错，可是当年成就了你和你的企业的正面的东西，现在已经成了难以让你的下属的成就欲得到满足并让公司获得理想发展的负面因素了，你看怎么办？"

"除掉它就是了。"

"与生俱来的东西，哪有这么容易就能除掉的？为了你的企业的可持续性发展，你就开始学习勒住你的成就欲吧。"

"勒住我的成就欲？"老刘露出迷惑不解的神态。

"对，在增强你的影响动机和亲和动机的同时，紧紧勒住你的成就动机。也许这很难，但你一个人的'紧勒'，可以换来众多下属的放松状态和主动精神；你一个人短时间的苦，可以换来整个企业长时间的甜……这些书和资料，你拿回去好好翻翻吧。凭你的成就欲，你一定能在战胜自己方面取得显著成就。"

两个星期后，情况似乎开始发生变化。两个月后，下属们都说老板变了。

然而，正当公司高管在为刘总的持续变化而欣慰、我也躲在一边"偷着乐"时，老刘却来电话了："张教练，我快勒不住了。"

"刘总，你是有选择的。你可以选择放松手里的缰绳，让你的成就欲像从前那样扬蹄奋进——你可以像以前那样随心所欲、无所顾忌地命令、教育下属，用你的自由酣畅换来下属的战战兢兢、唯命是从。这样，在你的眼皮底下，团队的工作效率即刻提升，你会从心底里感到'爽'。当然，你也可以选择继续勒，即以你一个人的不爽、不自在，换来整个高管团队融洽、和谐的氛围。时间久了，高管团队的这种健康氛围层层往下'传染'，整个公司都会形成更加积极的氛围，咱们企业的可持续性发展也就有了文化上的保障。"我不厌其烦地解释说。

老刘在电话那头"嗯"了几声，不置可否。

一个月后，老板秘书来电，说老刘太忙，和我的"教练会谈"暂缓一次。又过了一个月，当我"亲临现场"旁听刘总的高管会议时，发现老刘已经"全面复辟"了。他不但风格依旧，还颇有"变本加厉"之势。

原来，采纳我的建议，老刘基本上已经做到"贵人话语迟"了。现在，他又是从会议开始"点评"到会议结束，并且口气强硬，不容置疑。

原来，他还让秘书记录他在整个会议中讲话所占的比例，争取不超过他和我约定的那个百分比。现在，秘书已经很乖巧地"罢工"了。

原来，他已做到只点评公司的大事、要事。现在可好，对高管们PPT文件中标题的字号、线条的粗细等都要吹毛求疵了。那天会上，老刘居然花了半个小时的时间亲自教高管们如何做PPT！

会议休息期间，几位高管在厕所里对我耳语："江山易改，本性难移，刘老板是改不了的！"

会后，我问老刘："你的'反弹'可是太明显了。怎么样，勒不住了吧？"

老刘向我摆了摆手，"不是我不想勒。过去几个月我尽量不说、不管，可结果呢？你在会上也看到了，屡教不改，老出现那些低级错误，让我怎么看得下去！过去几个月，我把他们宠坏了，现在亡羊补牢，还来得及。"

"你这可是有点抓小放大啊。"

"他们连这些小地方都做不好，还能做大事？我要是不亲自点拨他们，谁还能帮他们改进？他们要都做好了，我就不必这么反复说了！"老刘又深深地陷入自己原先的逻辑中去了。

之后的几天里，我冥思苦想，茶饭不香：我该用怎样的"榔头"去敲碎老刘的那个"硬壳"？用怎样的巧妙方式去解开他的那个死结？我不断地设计、推翻、再设计把老刘拉回"正道"的途径，甚至睡梦中也在"排演"与老刘辩论的场景。我完全沉浸在一种欲罢不能的亢奋状态中……突然，有那么一瞬间，我意识到，老天，这不是我自己的成就欲在作祟吗？我这不是在和老刘掰手腕、争输赢吗？在帮助老刘压抑其成就欲的同时，我不是无意中把自己的成就欲给唤醒、激活了吗？这时，如果以赤裸裸的成就欲对抗成就欲，即力图在逻辑上击败老刘，恐怕是下下策。

我转为选择"妥协"。用"老祖宗"麦克利兰的话来说，我决定让我的"成就动机"退位，让我的"影响动机"上台。我向老刘递交了一份"留职停薪"申请书："……我理解，您现在有经营方面的压力，不得不忙于'救火'。等您处理完了那些紧急的事情，我们再来商讨这奢侈的您个人领导力发展的事宜吧。"

之后的九个月内，2/3 的高管离任了。再过了九个月，20 人的高管团队中只有两个人我还认识。几天前，老刘的新秘书（这已经是我认识的第三任了）再次来电，说老刘恳请我去"聊聊"。

成就欲基本上是与生俱来的。它就像影子一样跟随着你，要想彻底摆脱几乎是不可能的。即便有时表面上不见了踪影，"死灰复燃"的可能性也是随时存在的。创业老板们的成就动机既是他们异于其他人的"关键成功因素"，也往往是阻碍他们获取更大成功的"隐性失败因素"。有些在对抗自己的成就欲方面做了不少努力的老板发现，"戒成就欲"与戒烟颇为相似：做出戒烟决定是非常容易的，真正戒掉烟是十分困难的。"这玩意儿，上瘾！"

在与我有过"零距离接触"的企业老总中，有两个人在这方面采取的策略完全一致，其成效也是最出色的。

一位是方太董事长茅理翔。他在把企业做到"世界点火枪大王"后，携手儿子第二次创业，不出三年，在厨电行业做到"中国亚军"。在这之后，他便成了一个"全职演讲人"，成年累月地在全国各地巡回演讲，回到宁波也不去公司看一看。为什么有这样的"转型"？是他对管理方太不感兴趣了？不，恰恰相反，因为老茅对管理方太太有兴趣了，所以他不能去！他心里很清楚，他若去了公司，想把自己的作用限制在公司董事长的职权范围之内而对具体事务不指手画脚，那是太难了！而若"放纵"自己、随意指挥，又势必给已经当了总经理的儿子带来麻烦。实际上，到全国各地去讲学，是老茅为了让自己的成就欲在方太没有"用武之地"而对自己采取的"自我放逐"措施啊！后来实在手痒，他就第三次创业，再建立一家公司，于是这世上就有了"宁波家业常青民企接班人专修学校"。茅校长现在潜心"教书育人"，这就更彻底地杜绝了他超强的成就欲对方太可能产生的（潜在的）负面作用。

另一位是万科的董事长王石。他在全球登山，与茅理翔在全国演讲有异曲同工之妙。我对王石是有过不少直接观察的，但任何人只要对有关王石的文献稍作研究，都能发现他的成就欲有多强；同理，我们也能"合理假设"，在万科，王董事长要降服自己的成就欲有多难。王石远离万科，选择在全球各地逐一攀登著名高峰这一最需要成就欲支撑的运动，是多么明智！王石在理解自己、管理自己方面是多么有智慧！

当然，用"眼不见为净"这种最简单、最彻底的方法来对付自己的成就欲，不是唯一的正确选择。但无论怎么选，老板也不应该选择有意无意地把对自己的成就动机的满足建立在对下属的成就动机的压抑之上。因为，到头来，这是与自己的初衷——公司的持续发展和成功——背道而驰的。

2. 老板太亲和，公司会衰落

曲建国董事长是因为在山村里生活不下去才"被创业"的。

当时，他带着一帮村民进入城市，只是想混口饭吃。阴差阳错，不知怎么就做了个企业，并把企业做大了。他常说，自己原来做梦也没想过会做一个营业额数十亿元公司的董事长，但既然不经意地做了，就一定要经意地做好。老曲不含糊，最近这五年里花了好几十万元，读了两个一流商学院的 EMBA。尽管主观上他只是想更多地结交一些生意上的朋友，但客观上还是让他长了知识，开了眼界，转而促进公司上了档次。

现在颇让他头疼的，是那些原来跟他一起出来创业的弟兄们。他们的经营理念和做事方式显然是"赶不上趟儿"了。但是，这些身居要职的老臣不以为然，他们以"公司老人"自居，对与"公司光荣革命传统"有关的一切东西赞赏有加，并有意无意地与一切变革举措为敌。老曲近两年从 EMBA 同班同学中挖来的三个高管，因为受不了这些老臣，已经走了两个。从历届大学生中培养起来的"新生力量"，也因此损失了近一半。渐渐地，与竞争对手相比，这家企业显出了颓势。

作为"总裁教练"，我不止一次提醒过老曲，要正视这一问题。

老曲若有所思："让我想想。"

三个月过去了，老曲毫无动静。我不得不再次敦促老曲正视现实。

"老张，你不知道，我实在是狠不下心来啊！"

"'权钱交易'，你也不亏待他们呀。"

"别提了！我跟他们刚开了个头，有两个人眼泪就下来了。他们说当初跟我一起出来闯荡，是相信跟着我会有出息，是从骨子里信任我，可不是单纯就为了几个钱。听他们这么一说，我的心就软了……"说到这儿，老曲的眼里竟然泛起了泪花。

"你喜欢历史，还记得'孙武练兵'的故事吗？当年吴王阖闾想试试孙武统领军队的本领，便给了他一百多个宫女，让他负责操练。那些宫女起初把孙子的号令当儿戏，大笑而不从命。只是在孙子顶住压力，硬是把两个充当队长的吴王爱妃杀了之后，那些宫女才如梦初醒，开始当真操练。老曲，慈不带兵啊！"

老曲显得很无奈，靠在椅背上有气无力地自言自语："我再考虑考虑，考虑考虑。"

看到这个情形，我决定"推波助澜"："好，为了帮助你'考虑'，请你做一个'社会动机测试'。"

如我所料，测试结果显示，他的亲和动机明显强于他的成就动机和影响动机。

我把测试结果交给老曲，同时给他在"社会动机"方面上了一课——

"……亲和动机较强的人通常向往与他人建立和维持一种温暖和亲密的关系。他们对自己是否被他人喜欢和接受尤其敏感。他们特别在意周围人的内心感受，为了避免冲突、改善关系，他们经常妥协。他们不喜欢强加于人，不愿意分离和独处……"

"这不挺好吗？这样的人不正是我们和谐社会最需要的吗？"

"一点不错。但是企业的要求与社会不同。一个亲和欲超强的老板，往往会把主要注意力放在人际关系的维护而不是企业的业绩提升上。他们最在乎的是'你在我手下干活愉快吗'，而不是'我们公司的业绩是否比竞争对手提升得快'。你觉得，一个企业在这样的老总的领导下是否会有麻烦？"

发现老曲进入思考状，我便得寸进尺："企业家对社会的最大贡献，是不断增长的企业利润和税收，而非'企业内相亲相爱的人际关系'。尽管理论上后者应该对前者有促进作用，但在很多时候，我们发现，企业一把手的强烈亲和欲与其做企业的'天职'会产生矛盾，有时甚至是难以协调的根本性矛盾。"

老曲看着我，欲言又止。我乘胜追击："你可以选择把企业办成敬老院、托老所，让所有的'企业老人'对你感恩戴德；你也可以选择与时俱进，除旧布新，在企业里营造'后浪推前浪'的文化和氛围，让止步不前者压力重重，难以为继。两者必居其一。老曲，你怎么选？"

"你的意思我明白，可我实在没法对那些人张口说出那些话。"

"老曲，你是一个亲和动机特强的人，这对你确实很难。然而，你知道，水能载舟，亦能覆舟。当年，你的亲和动机帮你团结伙伴、凝聚人心，使你的企业茁壮成长；今天，你的亲和动机使你故步自封，不敢越雷池半步，让你的企业走向衰败。你现在可以进一步选择。你可以选择与你的亲和动机继续亲密无间、和谐相处，同时让企业一步步坠入深渊。美妙之处在于，在这一过程中你不会感觉有多少痛苦，因为你是个'被慢火煮着的青蛙'。当然，你也可以选择充分激活自己的成就欲和影响欲，同时又能动地控制和驾驭自己的亲和欲。只要你作为老板赏罚分明，恩威并施，这个企业一定能再创辉煌、重振雄威。老曲，选择吧！"

两个月后，几位忠心耿耿但又明显落伍的公司元老终于陆续从关键岗位上离开了。

为了帮助我们的总裁读者更好地认知自己的亲和动机的强弱程度，这里提供一个简易的小测试。

请根据下列情况与你的符合程度打分（1～5分，1分表示完全不符合，5分表示非常符合）：

- 其他人对我的赞扬比工作成就更容易让我感觉愉快。
- 为了公司的发展而去伤害老朋友、老同事的感情，对我来说是一件很困难的事。
- 我喜欢在工作中与他人保持亲密、友善及合作。
- 我希望在日常工作中有机会同他人进行自由自在的交往。
- 要是我的下属在工作以外的时间里都不愿意与我交往，我会感觉难以忍受。
- 我非常希望了解到其他人对我的评价。

- 我认为花很多时间同家人在一起很重要。
- 发现下属有问题时，我总是用委婉的、旁敲侧击的方式指出，唯恐伤了他们的自尊。
- 哪怕理由再充分，我也不情愿在本公司做裁员、降薪之类的事。

如果得分超过 40 分，则说明作为公司一把手，你的亲和欲有可能成为公司进一步发展的障碍因素，需要引起警觉（但最后的判断，需要与你的成就动机和影响动机比较之后确定，不是那么简单的）。

3. 给自己的影响力打个分

总裁的英文首字母缩写是 CEO，其中的"E"不仅仅指执行（executive），还有一个更深刻的寓意，那就是教育（education）。总裁是一个企业的首席教育官，如何发挥好"教"的功能，颇有讲究。我们先来看一个案例。

刘总是位很有耐心的老板。每次和高管们开会，他都如长者般，苦口婆心、不厌其烦地教授一些他认为重要的策略和技巧。我曾经问他，为什么每次会上要讲那么多话？他的理由是，公司的高管管理经验少，很多东西要由他来教。所以，对于公司的每一项决策，他不仅要让高管知其然，也要让他们知其所以然，这样才能执行到位。然而，刘总的良苦用心收效甚微。许多项目执行的结果离他的要求相差很远。刘总为此也很着急，于是变本加厉地开会。

作为他的教练，在观察了一段时间后，我和他有了如下的对话。

"我发现在开会时，有些话你已经讲过不止一遍，为什么还要反复说？"

　　"不反复说怎么行？重复了那么多遍，他们还是没记住。比如说，最近的几次会上我都强调，公司的销售模式要变，未来我们不再以零售为主，而是转向大客户销售。像政府、电信这样的大客户，是不能坐等的，销售人员必须登门拜访，寻找销售机会。我是大会小会说了两个月，结果一点变化都没有。"

　　"你说的那些话，他们是不是听进去了？真的理解了？"我试图提醒刘总反省自己讲话的质量。

　　"每次问他们听明白了吗，他们都点头答'是'，可就是不照着做。这些人啊，悟性太差。"

　　看到刘总没有从自身找原因，而是把责任推到了下属身上，我就给他讲了另外两位企业家如何与下属沟通的故事，然后给了他一些相关的材料，建议他好好研究一下。

　　几天后，刘总对我说："他俩都很会讲话。"

　　"他们讲话有哪些特点？和你的讲话有什么区别？"我追问道。

　　刘总有些茫然地看着我，不知如何回答。

　　"那就给你自己的讲话先打个分吧。"我把准备好的一个影响力等级量表递给他，让他做自我对照。这个量表（见图 3-1）是我在 Hay（合益）集团的全球量表的基础上，根据"中国国情"改编而成的。它将影响力从低到高分为四级，每一级都有具体的行为描述。

　　等刘总看完，我又和他做了两个"角色扮演"练习，然后问："你给自己平常的讲话评几级？"

　　"好像也就一级水平。"刘总有些不好意思地笑着说。

　　"你觉得那两位企业家的讲话能达到几级？"我继续问道。

　　"他们的水平确实高，我看大多数在三级。"刘总的语气里透出由衷的佩服。

影响力等级量表

量级一

诉诸逻辑力量

- 采用讲道理、摆数据，指出他人切身利益等直接的方法试图说服他人
- 使用具体案例，利用视听设备做演示等（但没做到有意识地使自己的说服方式符合被影响对象的水平与兴趣）

量级二

利用间接关系

- 使用连环套的方式对目标施加影响（如甲去告诉乙一些情况，乙就会告诉丙等）
- 借助上级领导、专家权威等“第三方”来施加影响

量级三

个性化，戏剧化

- 采用个性化的语言、戏剧化或不寻常的行为，以期对别人产生特定影响
- 预先评估具体的言论和行动对自己在别人心目中的形象的影响
- 根据被影响对象的水平和兴趣，随时调整报告或讨论的形式和内容

量级四

系统化，政治化

- 建立政治同盟
- 争取幕后支持
- 运用对群体内互动关系的深刻认识去设法实现自己的行动计划

图 3-1　影响力等级量表

从那以后，刘总开始研究自己每天的讲话。他对自己与员工和客户交往时的谈话进行录音，不仅回来自己做分析，还请其中的一些谈话对象提出中肯的反馈意见。随着时间的推移，他的谈话水平越来越高，第三级水平出现的频率越来越多。当然，偶尔在压力大的情况下，他也会忘了要求自己，影响力又停留在第一级水平上，甚至还出现粗暴压制、简单命令的做法，但往往他事后能意识到，并努力去改进。

像刘总这样的 CEO 不在少数。他们好为人师，却又不大懂得通过发挥个人影响力来教育下属。从某种意义上说，影响力就是领导力。要想让公司的高管和知识型员工心悦诚服、心甘情愿地追随自己去实现公司的愿景，总裁就必须在自己的影响力方面多下功夫。以下给出几个问题，帮助总裁反思自己的影响力水平。

猜测一下：下属之所以对你言听计从，多大程度上是因为你位高权重，多大程度上是因为你足智多谋？

如果你现在的位置从总裁变成外部顾问，你估计有多少人仍然听从你的意见？

如果让你离开公司另起炉灶，你估计你的下属中有多少人愿意追随你去创业？

如果你是下属，你希望上级如何与你沟通？你是这么做的吗？

建议总裁把以上四个问题转化成一个民意测试，在外部第三方的协助下让下属以匿名的方式对总裁做个评价，然后与总裁自评的结果做个对比，估计会让不少人汗颜……

4. 老板不"分享"，高管不"分担"

作为企业家的"球童""陪练"，我的一个重要职能是充当"垃圾桶"：让老板把累积的"心理垃圾"一股脑儿地往我身上倒。回顾下来，感觉这些年我听到最多的，就是老板对公司高管在工作主动性、能动性方面的抱怨。2014 年某段时间患上了"互联网焦虑症"之后，企业家对高管在这方面的抱怨更多更凶了：我都愁成这样了，他们怎么还是一如既往不温不火的？

我自然是知道原因的，但是不能直说，因为这一不符合职业要求，二也不会取得理想的效果。我的"看家本领"是提问："你的高管们为什么会频繁跳槽"或"他们为什么一个都不跳"？"若竞争对手多给你的高管百分之五十的工资，他们会离你而去吗？""为什么他们要像你一样积极主动、敢于担当？""面对互联网，你的高管凭什么要像你一样忧心忡忡、焦虑不堪？"这些问题的核心是：你的高管为什么要分担作为老板的你的责任？凭什么？

企业家怎样才能使公司的高管真正具备"主人翁精神"，想老板之所想，急老板之所急？对于这一点，老板往往稀里糊涂，但是高管们的心里却一清二楚。我的一位客户的高管向我表达得斩钉截铁："他（老板）不分享，我不分担！"

在从事所谓的"总裁教练"工作之前，我在职业经理人的队伍里"潜伏"了好些年。对于高管的需求，我心知肚明、深有同感。确实，时至今日，若老板对"分享"这个话题还是遮遮掩掩、叶公好龙，或口惠而实不至，雷声大而雨点小，那么，老板期求员工分担其责任的愿望一定会落空……

如此，老板到底需要与员工，尤其是高级管理层的员工，分享些什么，才能致使他们愿意分担其责任？

分享财富

这是首要的！要是老板的手里至今还握着几乎所有的股权，管理层得到的还只是不明显低于市场价的工资和仅仅符合法律要求的福利，那么要让大家发挥能动性和创造性，比登天还难。嘴上虽然不说，可高管们的心里不知吼叫了多少遍："凭什么？！"说真的，能不离作为老板的你而去，已经是你的幸运了。

做教练时，严禁说教；为商学院当"客座"时，我则尽情发挥了。当年中国最成功的那几家企业，比如华为、联想和万科，它们的创始人任正非、柳传志和王石尽管被称为"老板"，但实际上，他们都只是经理人。值得回顾的是，早年他们都是有可能通过种种合法或"打擦边球"的途径，让自己成为企业的重要股东的，但是他们都选择了放弃。我正颜厉色地向老板学员们发问：这三位商界领袖在各自企业的股份多寡与这三家优秀企业的管理层员工的能动性、创造性之间，是否存在不言而喻的相关关系？这两年我还追问：再以今天中国最成功的"BAT"为例，李彦宏、马云和马化腾在公司所占的股份比例各是多少？假如他们各自的股份不是低于20%而是高于80%，这三家公司是否有可能取得如此骄人的成就？老板们陷入深思……

20世纪90年代，作为国际管理咨询公司的一员，我曾经有幸为华为公司提供过服务。当时我每个月都要从美国飞来中国，目的是帮助华为在薪酬激励体系方面为上市做准备。记得当年在访谈任正非和各位主要高管之后，我的老外同事们和我都挺纳闷：要是华为真的不缺钱，为什么一定要上市？难道还真是为了以此为动力和压力，逼着大家提升管理能力？多年之后我才知道，任正非其实从来没有打算让华为上市（我后来"跳槽"到了另外一家国际咨询公司，又帮助华为做过类似的"无用功"），以上市的名义做的咨询工作，还真的只是为了内部管理能力的提升。我还听说，任正非认为全世界最不合理的事，就是搞金融的人光靠玩弄数字游戏就能赚大钱，而真正卷起袖子埋头干实业的人却只能获取微薄的薪金。所以他始终不让华为上市，而是把利润给数万名员工分享。今天华为能够成为中国企业的一面旗帜，或许与任正非的这种对财富的"另类态度"有关？当然，在华为这样的优秀企业里，制度亦即"王法"，是大于老板 / 总裁的。《华为基本法》中的相应文字为："我们决不让雷锋吃亏，奉献者定当得到合理的回报。"

分享权力

要想让高管敢于担当，为作为老板的你分担责任，你还需要分享权力。换句话说，你与他分享权力是他为你分担责任的前提。这一点，似乎可以被称为"common sense"（常识）？然而可悲又可叹的是，许多老板居然没有这点"基本常识"。

高管要的是什么权力？简单说来，要的是与董事长为其名片上所印的岗位相匹配的权力。尤其是那些在外资企业受过长期熏陶的职业经理人，他们不但看重"名分"，更看重"实权"。既然自己被称为"总经理"，他们就会很自然地把公司的各个方面都"总""理"起来，而不会把自己仅仅视为董事长的副手，事前请示、事后汇报。实际上，按照所谓的"现代企业制度"，董事长和总经理之间并不存在一般意义上的上下级关系。然而，靠自己单打独斗、一手独创公司的老板已经习惯于当"皇帝"了，他不明白现在既然封了人家为"总经理"，人家就要当名副其实的"总理"或"总统"，作为老板的你也许可以做一个象征性质的"英国女王"或"日本天皇"，但在真正的"共和国"里做皇帝，是不可思议的、大逆不道的。

我曾经服务过一位民企老板，其公司的产值早已经过百亿元，但他给新来的总经理的财务审批权还是以 1 万元为限。另一位老板，在创业的初期把家里的七大姑八大姨都安排在公司的关键岗位上，后来公司要上市，花重金从外企聘来了一位声名显赫的总经理。该"明星"一到位，就要拿七大姑八大姨"开刀"。老板希望"缓期执行"，总经理坚决不干。结果，上述两位总经理都在短期内离开了公司。

2014 年 4 月，柳传志为纪念联想 30 周年写过一篇有关于"发动机"和"齿轮"的文章，意思是说大家都要做发动机，不能满足于做齿轮，结果在网上引起了热议。在之后的半年多时间里，借柳总的光，我在好几位客户那儿做了一个相关的调研。我让公司的高管们以无记名投票的方式，回答我三个问题：① 做发动机，你愿不愿？② 做发动机，你行不行？③ 做发动机，你能不能？结果发现：那几家公司的高管，100% 愿意做发动机，而不是齿轮；几乎 100% 的高管也都认为自己是当发动机的料，具备做发动机的能力。然而，起码有 70% 的高管认为自己在公司里当不成发动机，是因为公司的制度、流程，尤其是上司，实际上并不允许自己去当发动机。面对数据，老板沉思：高管们的能动性、创造性的缺失，或许主要是自己的责任？

与管理层分享权力，国内在这方面做得最彻底的，恐怕要数美的集团的何享健。何老板在美的有口皆碑，我访谈过的每一位美的高管，都对何享健在这方面的胆量和智慧赞不绝口。他那"集权有道、分权有序、授权有章、用权有度"的十六字方针，并不是辞藻堆砌，而是真正的行为准则。2014 年在为美的高管团队服务时，我听说何享健先生当年曾经打过这样的比方："我造一个玻璃盒子，让经理人在里面演戏。他的一举一动，我都能透过玻璃看得清清楚楚。他演得好，我喝彩；他演得差，我提醒。假如届时我有干预他演戏、代替他演戏的冲动，也无可奈何，因为玻璃把我给挡住了。但若经理人过了底线，我就会打开盒子，把他给拿下。盒子的钥匙始终在我的手里！"

2014 年，芬尼公司的创始人宗毅，一下子成了企业界的知名人物。

他的"裂变式创业"，成为大家讨论的热门话题。在我看来，"宗氏裂变"的实质，就是财富分享、权力分享。据宗毅"不打自招"，他的芬尼公司在治理和激励方面，与大多数公司曾经是没有什么区别的。只是在公司核心员工突然出走、公司面临破产危机之后，他被逼无奈，才想出了裂变这一招，以期留住管理和技术骨干。没有想到的是，这一独特的分享权力、分享财富的方式，因为极大地激发了广大员工创业和创新的积极性，最后不仅显著地提升了企业的绩效，也大大地降低了由于业务扩张而带来的风险。

在谈到企业员工的离职原因时，马云曾经总结过两点："一、钱，没给到位；二、心，委屈了。"这些归根到底就是一条：干得不爽。同理，要想让公司高管留下来为作为老板的你分担责任、分担风险，你首先得让他们感觉"爽"。而让他们"爽"的最佳途径，莫过于与他们分享财富、分享权力。倒过来说，你若不想与他们分享，就别指望他们与你分担。

5. 请你分享"当老板的感觉"

在"老板不'分享'，高管不'分担'"一节中，我曾经提出过，企业家要想让手下的高管们分担责任、分担风险，他必须愿意与高管们分享财富、分享权力。但问题现在已经不仅仅如此了。随着社会大环境的变化，高管们的需求也开始变得"贪婪"起来，他们现在已经不满足于老板仅仅与其分享财富和分享权力，实际上，他们还要求老板分享其"当老板的感觉"。

让我从一个具体事例说起吧。我有一位企业家朋友，他在与高管们分享财富和分享权力方面做得还是比较到位的。然而，我在他的高管会议上感受到的团队氛围却让我纳闷：这些人为什么都沉默寡言、惜字如金，即使偶尔多说了几句，也显得小心谨慎，甚至有点战战兢兢？

直到有一次老板向我"请教"如何"处置"他的财务经理时，我才恍然大悟。据老板自己陈述，在一次高管会议上，营销副总在汇报工作结束时，顺便向公司的财务部门提了个与营销有关的要求。那天公司CFO生病请假，财务经理代为出席，实际上他只要会后转告即可，完全不用在会上表态，可是这位来公司不久的"海龟"却当场把营销副总的要求给挡回去了。看到营销副总有点下不了台，老板跑出来圆场："会后商量商量，再想想办法。"可没想到这位财务经理竟然固执己见，振振有词地从公司现金流和合理避税两个角度再次驳回了营销副总的要求。老板这下火了，当场把该财务经理狠狠地批了一通并责令他回去写检讨。让老板始料不及的是，两天后自己收到的，不是检讨书，而是辞职信。

"该财务经理提到的公司现金流安排及避税事宜，您熟悉吗？"读完那封辞职信后，我问老板。

"我不懂。"他的回答简单明了。

"那您为什么发号施令？"

"我没有发号施令，只是建议他们会后商议。"

"按照分工，这事儿归您管吗？"

"CFO那天请病假了呀。"

"那财务经理错在什么地方？"

"他太不给人面子了。"

呵呵，这下我知道往哪儿"下手"了："他来公司之后一直在CFO手下工作，从来没有机会直接向您汇报。他那天在高管会议上高谈阔论，有没有可能是利用这个难得的机会，向您和高管们展示他的工作态度和能力？”老板若有所思。

"按您的说法，他先是不给营销副总面子，后又不给您面子，实际上，他只不过是在上司面前坚持了自己的看法而已，而您却当众斥责他，勒令他写检查，您给他面子了吗？"

"但是，"老板开始辩解，"我毕竟是老板哪！数落他两句，就是口气过了点，也不是什么大不了的事情吧？这'海龟'，心理承受能力这么差，我是不想用他了！"

"您仔细读他的信了吗？"我问。

"我一看'辞职信'三个字，就把它扔一边去了。"

这下，我全明白了：原来在这个公司里，老板尽管与高管们在一定程度上分享了财富、分享了权力，然而，他"当老板的感觉"却一点儿也没有与高管们分享。

何谓"当老板的感觉"？说得好听点，就是"自尊感""主人感"，而说得直白一点、通俗一点，就是在自己的"袖珍王国"里当"土皇帝"的感觉，就是唯我独尊、唯我独大、我行我素乃至肆意妄为的感觉，就是在某种程度上"众人皆跪我独站"的感觉，套用一个当下的网络时髦词语，就是"任性"。而要是手下的高管们也开始变得有点任性，跪久了想站起来换换姿势，或者说想与老板分享一些"当老板的感觉"，老板就会感觉浑身不爽甚至感觉受到威胁，进而有意无意地对那些"造反者"实行"镇压"。

对相当一部分创业企业家而言，这种"当老板的感觉"是在不知不觉中慢慢形成的，当它成了公司文化的一部分，成了"集体无意识"的一部分，大家就对此习以为常，几乎感觉不到其存在了。此时，可能引起变化的唯一希望来自外部。如这位企业家，他就是在受到"海归经理"的刺激，并与我这个"海归教练"长谈两小时之后，才开始意识到自己身上的"老板感"的。

一年之后，该企业家"亲临"其新近并购的海外企业，他那"当老板的感觉"再次受到挑战。作为特邀"陪同"，我记得到达欧洲那个机场的时间是当地的星期天傍晚。看到来接机的只有翻译兼司机一人，老板有些困惑："总经理和其他高管呢？"接机者回答："今天是休息日呀，他们都在家休息呢。"老板不悦，脸拉长了。我理解，在国内，老板每到一个地方，当地分公司的总经理和多位高管都是到机场迎送的。

第二天早上的第一项内容，是参观厂房和办公楼。一圈看下来，老板还算满意。突然，老板发问："我的办公室在哪儿？""考虑到您不会常来，我们没有为您安排办公室。要是您临时有办公需要，我们可以把小会议室腾出来给您用。"老外总经理回答。老板的脸又拉长了。这我也理解，老板在中国各地有好几个分公司，每个分公司的楼里，都有董事长办公室。尽管他一年最多去两三次，但那间老板办公室一定是所有办公室中最有气派的。现在，在这个他占有99%股份的海外分公司里，他作为老板居然没有办公室！老板的脸上有点挂不住了。

第二天早上我们同车到达公司时，老板一下发现公司正面的大墙上，安上了一个醒目的附有公司的中英文名称和标识的大铜牌。"昨天早上我来时，怎么没看到这个？"老板问。"哦，是昨天下午您在开会时给安装上去的。"总经理轻描淡写地回答。"当时为什么不叫我？"老板的口气明显不对了。"为什么要叫您？"老外总经理一脸无辜。这我自然理解。在国内，各地每成立一个分公司，一定会把老板请过去，搞一个像模像样的"挂牌仪式"。老板在当地政要、明星的陪同下隆重剪彩，多有感觉！现在老板我在里面开会，老外你居然在外面就这样无声无息地把公司的牌子给挂上去了！

"这公司谁是老板？！"我的企业家朋友终于忍不住了。不过还算幸运，他当时板着脸发问的对象是我，而不是那位老外总经理。要不然，我猜他写辞职信的速度，比上述的那位海归经理更快。

长话短说，我与他又一次"促膝谈心"两小时之后，老板终于意识到了欧洲经理的"逻辑"与中国老板的"感觉"之间的鸿沟，而且，"Do in Rome as the Romans do"（身在罗马，言行举止就应该向罗马人看齐），需要转变的，是他这个中国老板，而非其欧洲经理。

让我们把话题再拉回到国内。有研究者认为，中国当前小企业众多、大企业偏少的原因，与中国人"宁当鸡头，不做凤尾"的习惯有关。不少人在一个企业里做了若干年"凤尾"之后，就义无反顾地离职去做"鸡头"了。我的不少企业家朋友对此现象长吁短叹，对离去的"凤尾"怨声载道。怎么办呢？好像没招？

文章写到这儿，空姐正好送来一份 4 月 30 日（2015 年）的《南方周末》，经济版的大标题很吸引眼球：《大公司"裂变"——世界那么大，为什么不让员工去创业》。文章告诉我们，华为是最早尝试内部创业的，收获的是众所周知的反面教材。盛大在这方面做了全面系统的努力，结果几乎全军覆没。现在，联想、万科、美的等公司又都步入了这一行列，成败难料，拭目以待。

实际上，要我说，可以有比"裂变""创业"保险得多的解决问题的方法：在一个企业只能拥有一个"凤头"的情况下，通过培育企业的"鸡头文化"，让那些不甘心只当"凤尾"的人留下来以"鸡头"的心态为企业服务。

让众多的能人在一个"凤头"的领导下都有"鸡头感"，谈何容易！然而，榜样，还是有的！去腾讯或阿里巴巴跑一趟吧！问问那些直接向马化腾或马云报告的高管，这么些年来，为什么他们始终选择与他们的"凤头"在一起？他们感觉自己一直在做"凤尾"呢，还是"鸡

头"？相信马化腾和马云"与众鸡头共舞"的胸怀和艺术会让我们大开
眼界或无地自容。

或许我们还记得 2014 年 9 月阿里巴巴在美国上市的情景：敲钟
的，不是马云，而是阿里巴巴的 8 位客户和伙伴。我的一位客户曾经告
诉我，敲钟，"那是我一生中最有感觉的时刻"。而马云，把那一刻献
给了公司的客户。马云对此令全球惊异的行为的解释是："我们努力了
十五年，不是为了让我们自己站在台上，而是为了让他们站在那里。"

"感觉"这词儿，与"财富"和"权力"相比，听上去有点虚、有
点玄，说不清、道不明。但"感觉"的作用，有时甚至能超越"财富"
和"权力"。高管们一旦从老板那里分享到了"当老板的感觉"，能回
馈给企业的价值是巨大的。

反之，老板要是只与高管分钱、分权，而不愿意分享自己"当老板
的感觉"，那么在今天移动互联网、国际一体化等社会大背景下，要想
让已经多少获得了"财务自由"、不需要再"为五斗米折腰"的高管们
急老板之所急、想老板之所想，那无异于水中捞月、竹篮打水。

6. 老板，你究竟要什么

一个典型的职业经理人，往往既要钱，又要权，而且还要所谓的
"感觉"。在老板眼里，经理人是够"贪婪"的。然而，作为相互"博
弈"的另一方，老板要的又是什么呢？就贪婪程度而言，老板是否比经
理人好一些？

我与无数的老板打过交道。他们中的大多数人认为自己在这方面是
很"清纯"的。一个典型的本土民营企业老板会在公众场合大声宣称：
"我要的很简单：业绩。"实际上，他还有后半句呢！

恕我在这儿帮他一吐为快："拿不出业绩，你就是没水平；别找借口，给我快快走路！"遇到这样的老板，我的第一个问题千篇一律："老板，你怎么定义'业绩'？"

我用一系列的反问来回应老板的反问：

"还记得'平衡计分卡'吗？"（尽管老板刚从北京某名校的 EMBA 毕业，对平衡计分卡的名称感觉挺熟，但对其概念却已经很模糊了。）

"公司的财务报表要好看，前提是我们有一批稳定、愿意为高质量付大价钱的客户，对吗？"（老板除了说"对"，还能说什么？）

"要赢得客户对我们的长期信赖和忠诚，前提是我们公司有一个稳定、良好的运营体系，对吗？"（老板能说"不对"吗？）

"而要维护并不断改善、加强这个体系，前提是我们有一支稳定、优秀的人才队伍，对吗？"（老板不那么情愿地点了点头，似乎有点怀疑我是在给他"下套"了。）

"你现在有这么一支队伍、这么一个体系、这么一批客户吗？"（我当然知道他没有！老板不那么情愿地摇了摇头，保持着对我的高度警觉。）

"按照你学过的平衡计分卡的理论，你需要培养人才梯队，改善运营体系，发展优质客户，然后才有可能获得稳定的投资回报，才有可能使你的财务数字好看起来，同意吗？"（老板逐渐恢复了对平衡计分卡的记忆，想起了自己以前在课堂上对这一部分的内容学得还不错，作业成绩好像还得了一个"优"。他能不同意吗？）

"你若一层层、一步步地把这几个维度都梳理一遍、提升一番，大概要多长时间？"

"起码两三年吧。"

"你的总经理是去年 5 月才聘的，你给了他和他的高管团队多少时间？尽管在财务和客户方面，总经理还没有出色表现，但他在管理团队和流程体系方面已经成效显著，这是'业绩'的一部分吗？"

老板知道自己"入套"了，陷入了沉思……

老板的逻辑很"率真"：你不是在 500 强企业干过 10 年并当过 5 年总经理吗？你不是拿着我给的天价年薪外加股权激励吗？你怎么就不能做到一年翻番呢？可见，碰到类似的实际的"计分"问题，老板的逻辑就与"平衡"两字风马牛不相及了。他心急火燎地要"做大做强"，哪里还顾得上从"团队"到"体系"再到"客户"，最后体现到财务上的顺序。于是，重金聘请的经理人在公司"快进快出"的速度，经常与世界纪录媲美。前几年看到一个统计数据，从外企进入民企的职业经理人，一年就出局的概率高达 94%。难怪，面对如此"贪婪"的老板，有几个职业经理人能称得上"合格"！

当然，并不是所有的老板都是急性子。要是你运气好，碰到一个有耐心的老板，你还是有可能按照平衡计分卡的思路，有系统、按逻辑、有条不紊地来做的。可是往往要不了一年半载，你就会明白，你要做出老板期望的业绩的可能性几乎为零！为什么？因为整个公司的"土壤"不好：你想从改造管理团队入手，可结果发现关键岗位上的人都是绝对动不得的老板的"七大姑八大姨"；你想启动 ERP（企业资源计划）项目来重建公司的运营体系，可一帮"封疆大吏""创业老臣"硬顶着不让你上。老板呢？不支持不反对，两边打圆场，坐山观虎斗，谁也不知道他葫芦里卖的是什么药。你想引进一批新人来"掺沙子"，可人力资源总监（老板的小舅子）就是不肯使用你推荐的猎头，理由是猎头收费太贵，或者财务总监（老板娘）那儿通不过，而他给你推荐的人选，你又一个都看不上……老板倒是不催你，还在你心急气躁时劝你"慢慢来"，可你知道自己耗不起。于是，在做完一年述职报告之后，你"自觉自愿"地把自己给解雇了。

　　要是你的运气达到了"千里挑一"或"万里挑一"的地步，你可能会碰到一个既提供合适"土壤"，又保持足够耐心的老板。于是，你如鱼得水，终于大展身手，让公司走上了可持续发展的康庄大道。当你沉浸在胜利的喜悦中，刚想歇歇脚、喘口气时，你突然发现你已被老板巧妙地"移作他用"，彻底地"边缘化"了。受不了那个气，你毅然出走，可心里却始终不明白：这老板究竟是怎么回事？

　　我们还是"举例说明"吧。1999 年 10 月 28 日，广东中山华帝燃具有限公司——国内燃气灶巨头——的七位创业老板集体退位让贤，让姚吉庆——一个外地来的打工仔——担任总经理。姚吉庆就此一举成名，被媒体誉为"中国职业经理第一人"。结局是大家都知道的：在华帝业绩捷报频传之时，姚吉庆被老板巧妙而又体面地"干掉"了。根据我的直接观察和间接了解，原因主要就在于姚吉庆太强势，"得位（或曰'得权'）不让人"，太不让老板们有"面子"，亦即有"老板感"了。

　　记得那时我在一家国际管理咨询公司当顾问，应邀去华帝做项目。公司开年会时，我看到姚吉庆和他的团队成员坐在前排，而那七个老板却坐在后排。下属依次发言时，总是一开始尊称一次"董事会、姚总"，以后便只听到"姚总""姚总"的，再也听不到叫"董事会"的声音了。在一个民营企业里，外来的经理人显得如此"威风"，而老板们显得如此低调，这太出乎我的意料了！记得我当时曾经委婉地提请姚吉庆注意说话语气，多给老板留点"感觉"。可是姚总当时年轻气盛，哪能听得进去！

　　十多年后（2012 年）的一天，我在经过了好几家民营企业的磨炼之后，突然从网上得知姚吉庆刚跳槽去了慕思任总经理。慕思的床垫很有名气，但慕思的老板无人知晓，据说在广东的老板群体中，他是个高调做事、低调做人的绝对典型。但愿姚吉庆这次为自己找到的是个真正的"除了业绩，什么都不在乎"的老板。但即使如此，逐渐成熟起来的姚总或许也会汲取华帝的教训，多给老板留点感觉。

小结一下，尽管老板要的东西与职业经理人要的有所不同，但就其"贪婪"程度而言毫不逊色。而且，由于老板要的"感觉"与职业经理人要的相比，更趋于隐蔽或更"不上台面"，因而对人对己都更具有某种意义上的欺骗性。但愿处于"博弈"双方的老板和经理人都能增强自我意识和对对方的理解，学会从对方的角度考虑问题，此乃包括老板和经理人在内的全体员工之大幸，也是企业健康发展之必需。

7. 自大的根源竟然是自卑吗

过去几年，我在为企业一把手当教练的过程中发现，不少老板——尤其是民营企业的老板——都有自以为是甚至狂妄自大的特点，谦虚谨慎、低调自嘲的极少。

老板们往往喜欢摆谱、炫耀，说到自己的优点、成绩时夸夸其谈，滔滔不绝，涉及自己的缺点、过失时矢口否认，轻描淡写。他们往往热衷于讲述自己的创业史，唯恐人家不知道自己多么了不起；喜欢有意无意地把所有的功劳都归于自己，把所有的不足都推给他人。

有位老板在公司年会上神采飞扬地说："自从我去年提出 ×× 纲领和 ×× 细则以后，我们公司取得了一个又一个的胜利。我们已经把竞争对手完全打趴下了。这充分证明，你们大家应该对我、对公司有信心。跟着我，是绝对不会错的！"环顾四周，我看到了一张张神情严肃、毫无表情的脸，心里明白：这是敢怒、敢怨而不敢言呀！

我这个所谓的"总裁教练"，在外人看来，大多数情况下就像是总裁的影子。所谓"shadowing"（加阴影），占据了我的教练工作的大部分时间。我实地观察、密切跟踪自己的服务对象，他们的一言一行、一举一动都尽收眼底。

如果遇到我实在听不下去或看不下去的情况，我会坦率或委婉地规劝说："你不妨谦虚一些，低调一点，让人家也有点成就感""要是你多注意他人的优点，检讨一下自己的不足，会更容易调动他人的工作积极性和主动性，并创造良好的组织氛围"。有时，老板似乎有所觉悟，立志改变，但往往没过两个星期，就彻底回归原点。

有位董事长甚至和我定了白纸黑字的"行为守则"，决心要多批评自己，多表扬别人，还决定让秘书做我的"特命全权助理"，详细记录老板每周表扬他人和批评自己的次数。但好景不长，一个月还没到，善于察言观色的秘书就乖巧地放弃了她的"第二职业"，悄悄地把老板玻璃台板下的行为守则都主动撤下了。我感叹：对老板的洞察，教练还远不如其助理呢！

后来，复习在美国攻读心理学的资料、再次阅读荣格和阿德勒的相关论述时，我才豁然开朗：自己的工作之所以对老板们的自大表现的抑制作用甚微，是因为没有看透其自大的实质原来是自卑。按照精神分析学派老祖宗的观点，我的教练对象的自大，实际上完全可以用自卑来解释。因为内心自卑，他们要用虚荣与傲慢的外在表现来加以掩饰；之所以压低别人，抬高自己，实际上是担心得不到他人的认可，是源于骨子里的自卑。

我辅导的民营企业老板，包括一些外企总经理，大都出身贫寒，十多年前不名一文。有位老板当年甚至需要把所有的课外时间都放在养鸭等农活上，才能维持生活。一位在胡润榜上名列前茅的老板亲口告诉我，因为贫穷，他 20 岁之前就没有穿过鞋。我的服务对象，现在基本上都生活在一线城市，然而一"查户口"，发现他们大多来自农村。到了大城市以后，在相当长的一段时间里，他们都是城里人嘲笑的对象，或至少以为自己是被背后嘲笑的对象。

另外，我还发现一个有意思的现象：多数创业老板是家中排行最小的一个。年幼时，他们感觉自己在家里没有地位，不受重视，缺乏安全感。长大后，他们拼命工作，特别想以优异成绩来向父母和兄长们证明自己的能耐和价值。实际上，他们总是在自觉不自觉地拿自己与兄长们做比较。我的一位辅导对象告诉我，他是家里六个孩子中最小的一个，当年既被兄长们溺爱，又老受他们欺负。现在，他成了家族里的"一把手"，每当过年过节给长辈和侄子外甥们大把发钱时，感觉特别好。唯一让他感到遗憾的是，当年没有把他太当回事的母亲过早去世了，她没有来得及看到儿子的成功，也"没有机会因为看走眼而感到后悔了"。尽管每次提到母亲，他还是愤愤不平，但他为母亲忌日做的排场又总是最为讲究。不难看出，他有着明显的自卑情结，潜意识里，总是要向已在九泉之下的母亲证明些什么。

自大和自卑在本质上是一回事。自大往往是装出来的，自卑才是其真正的内涵。然而，由于自卑一般是隐蔽的，甚至不为自己所知（承认自卑往往是令人痛苦的），所以我们会发现，表面上自大的人多，而明显自卑的人少。其实，自大只不过是掩饰自卑的一种手段。

进一步往深处看，有时把公司的业绩目标定得过高，也是老板打心底里不够踏实的表现。因为没有真正的自信，他才一定要把自己的公司与竞争对手比，一定要拿自己跟其他老板比，一定要用公司的高业绩来维持自己的信心。其实，若不去与他人做简单比较，而只和自己比，自大和自卑就不会产生。把标准和目标定得过高，潜伏着挫败的极大危险。一旦因为没有达到目标而失了面子，老板的短处和缺点无法掩盖，潜意识中的自卑便开始在意识层里清楚地浮现出来，自我评价便很可能从一个极端跑到另一个极端。因为缺乏自信，老板往往也会变得多疑、猜忌。

　　一个人的自大，往往揭示了其某方面的自卑，而自卑往往导致某方面的自大。这就好比我们孩童时玩的跷跷板，当自卑的一头低了下去，自大的一头便高了起来。二者平衡的时候才是最佳状态。一个真正自信的人，用佛教的语言来说就会"得大自在"：自在自适，不假他求，不须外物，自我圆满；"不以物喜，不以己悲"。这样的人不再活在他人的眼光里，不需要通过外界来肯定自己，真正进入"宠辱不惊"的境界。

　　在教练过程中，我很少"施教"或"宣讲"。可这一次，我决定"变革"。我拿出以前当大学老师的架势，给文章一开始提及的那位极端自我、自大的老板先上了一堂心理学课：把自大与自卑的关系做了系统阐述，并毫不含糊地指出，凡自大者，终极原因是自卑，是不能真正接纳、认可自己。作为老板，他也绝对逃不出这个规律。让跷跷板保持平衡的唯一有效方法，是让人们正视自己的自卑情结。

　　接着，我又重操"心理咨询师"的旧业，帮这位老总找到了他之所以自卑的"症结"。在此后的几次交流中，我再也不规劝老板不要自大，而是真心称赞他的优点和强项，充分表达对他取得的成绩的钦佩，并一再告知，我确信他会取得更大的成功。

　　渐渐地，老板周围的人都注意到了老板的改观，他不再那么自吹自擂了，有时言行举止还挺像个谦谦君子。但很少有人意识到，这是老板直面自己内心深处的自卑情结的结果。

从认识自己到引领他人

对于领导者而言，最难的是观看到自己。

通常一把手在能力上都不差，否则也当不了一把手，但在自知之明方面，往往比其他人差好多。二把手还可以有人来"修理"他，但谁来帮一把手指出问题呢？

在企业里，总有人喜欢对一把手说好话，给一把手抬轿子，时间长了，人便容易迷失自我。于是，领导者要想看到自己，常常需要换一种眼光。

首先是能经常跳出来看问题，而不是局限于眼前事。

人在实践之中，越是急于处理手头上的难题，就离细节越近，离手段越近，天天想的都是解决问题的办法，反倒不容易抽身出来，退出画面看画，以至于看不清问题的全貌，忘掉了干活的目的。

如果领导者能多一些置身其外的心态，以观众的眼光重新看待公司的舞台，许多问题往往一下子就清楚了。

其次是能看到问题的另一面，把问题考虑得更全面。

比如，不要只见事，不见人；不要只看重结果，不看重过程；不要只解决短期，不筹划长期；不要用脑太多，用心太少……这些道理放在纸面上，似乎每个人都懂，但等到真做起来就不一样了。一旦你脑子里都是硬邦邦的数，心里面就很难有活生生的人。

《基业长青》的作者吉姆·柯林斯认为，伟大的企业都是讲求辩证法的企业。对领导者也是这样，只顾一头儿是简单的，但想要达成适度的兼顾则需要一流的智慧。

最后是能站在别人的立场上想问题，少一些"我的道理""我认为"，多一些"你的道理""你认为"。

这一点对领导者最重要，但真正做到又最难。一把手便是企业里的老大了，如果他想把自己进一步"做大"，例如，高谈阔论、趾高气扬，那是分分钟的事情，没人能管得了他；但如果想把自己"化小"，例如，礼贤下士、不耻下问，而且并非摆摆样子，有时比登天还难。

据我观察，作为一名教练，伟俊这些年做得最多的工作就是帮一把手认识自己，他常用的办法有三种：① 用黄色便笺纸收集下属的匿名意见，让老板认识到事实与他想的不一样；② 开私董会，让企业家们相互"照镜子"；③ 向标杆企业学习，比如进行企业参访、同行交流，总归能见贤思齐，意识到自己的不足。

伟俊显然很清楚，让老板们思想上有认识，行为上有改进，得是一件多么费力不讨好的事！不仅难以得到客户的表扬和赞许，而且还要做好随时被老板炒鱿鱼的准备。做老板的教练，绝非易事！

我曾经问过伟俊辅导过的老板们：如何评价伟俊？结果是，尽管对其教练工作的成效，大家各有各的评价，但几乎每个人都谈到了，这位教练足够用心，然后便讲起若干关于伟俊的故事。

有一次我问伟俊："无论你多么用心，但仍可能面对一把手的不理解，你如何看待？"

伟俊回答："你一开始就不要期待，真心一定能得到回报。"

1. 董事长眼里的"事"和"人"

上周，一脚跨过董事长办公室的门槛时，我突然意识到这次与董事长的谈话将是我们两人之间的第 24 次交谈。这意味着，一月一次的"教练服务"，我已经提供了整整两个年头。董事长与我的相互称呼，也不知不觉从"顾总"和"张老师"变成"晓波"和"伟俊"了。晓波似乎也意识到了这次谈话的"历史性意义"，一开始，他就向我详细描述了他最近的一次"杰作"。

"大前天，我参加了公司的季度经营会议。你知道，从今年年初起，听从你的教导，一般的事情我都不管了，甚至连公司的月度经营会议也不参加了。季度经营会议尽管我每次都参加，不过已不再主持。这次会议的第一个议题是关于西安的。看着竞争对手一个个开始在那儿安营扎寨，公司的大多数高管沉不住气了，好像不紧跟人家我们就会丧失良机，就要酿成大祸。会上，我耐着性子听他们七嘴八舌、吵吵闹闹地议论了半个小时，再也按捺不住了。我当场责令高管们打开他们各自的手提电脑，齐声朗读八个月之前通过的公司发展战略。读完后，看着一张张通红的脸，我把他们狠狠地数落了一通。去年集团发展战略的修订，他们都参与了，也都表示同意，可是一碰到具体问题，脑子就糊涂了。现在进入西安是明显违背公司战略的，这帮家伙居然一点战略意识都没有。还好，我给他们及时纠正了。"

　　说完这番话，晓波望着我，脸上的神色似乎在说："你看我这次做得不错吧？你这两年教练可没有白做。"

　　"晓波，战略层面的事，是董事长该管的'分内事'。你这次坚持了公司的发展战略，纠正了一个可能的错误，可喜可贺。应该给自己长一级工资，发一笔奖金。"看着晓波脸上灿烂的笑容，我继续，"我是否能借用你刚用过的方法，也请你打开电脑，与我一起复习一段文字呢？"

　　晓波脸上露出了一丝不快的神色："伟俊，你葫芦里卖的什么药？"但他还是遵从了我的要求。

　　"你看，这儿白纸黑字：'在各种场合，用各种适当的方式，传播、解释和捍卫公司的使命、愿景、核心价值观与战略'和'选拔、激励、发展、培养和撤换公司高管人员'。这是你我两人一起商定的你作为董事长的双重职责。其他的事情，你同意都应该'因其小而不为'。你这次在前半部分上做得漂亮。但是，后半部分如何？当你在做'事'的同时，你脑子里有'人'吗？你考虑过你的高管的'发展和培养'吗？"

　　"你什么意思？"晓波明显不高兴了。"难道为了他们的'发展和培养'，我就不该指出他们的错误？就该放弃公司的战略？"

　　"公司的战略当然是应该坚持的，他们的错误也是不能姑息的。然而，有没有一种两全的方法，使你既能坚持公司的战略，又能对公司的高管起到教育和提升的作用呢？"看到晓波的脸拉得越来越长，我建议："我们换个话题吧，老板。我今天就留在你这儿了，回头我让你秘书帮我改签机票。明天我们再接着聊这个话题，可好？"

　　第二天，恢复了常态的晓波开门见山："我昨晚想了很多，感觉自己脑子里面确实都是'事'，很少有'人'。但是，就这件具体的事情而言，我怎么能做到既解决了事，又照顾到人的发展呢？"

　　我为晓波的觉悟感到高兴，试图进一步启发他："你当时要是尽力

压住自己教训他们的冲动，再'旁听'一个小时，估计会怎么样？""你
要是不直接指出他们的错误，而是用提问的方式去启发、引导他们，
估计会怎么样？""你要是有意不干预，放手让他们犯错，估计又会怎
么样？"

一个小时的讨论之后，晓波与我达成了一些共识。

首先，假如当时晓波能耐心再旁听一个小时，也许高管中的个别持
不同意见者能说服大多数人，最后决定不去西安。如果高管们能在没有
老板发号施令的情况下通过研讨、辩论做出正确的决策，这不但有利于
他们的发展和成长，还有利于"劳资关系"的和谐。

其次，假如在没有老板介入的情况下高管们讨论的最后结果是进
入西安，晓波可以通过提问的方式来启发大家思考。他可以问诸如
此类的问题："选择是否进入一个城市，我们首先应该考虑的因素是
什么？""我们平时决策的依据是什么？""公司的发展战略在我们决定
是否进入西安时，该起什么作用？""当一项具体决策与公司的战略产
生矛盾时，我们该怎么办？"估计这些提问能帮助高管们意识到他们
在战略意识上的缺乏和战略决策上的偏差，然后自己修正问题。同
理，这样的讨论，可以让高管们在解决具体事务的同时得到锻炼和
提高。

最后，即使用提问、启发的方式说服不了高管们，老板还可以允许
他们坚持己见，允许他们试错，允许他们从教训中学习、成长。当然，
这么做的前提是错误不大，对公司造成的损失不严重。

"就事论事"之后，我又引导晓波举一反三，总结出了一些对今后
发展和培养高管有普遍意义的"原则"。

"少说"。为了下属的成长，老板应该尽量少说；与之相匹配的，
则是"多问"。假设老板招聘来的高管有良好的管理基础和足够的发展

潜力，那么，他限制自己大小事情都亲自过问、大小事情都有"高见"发表的"习惯性冲动"，多提启发式、开放式问题，是有利于下属的发展和成长的。（当然，要是老板有意无意地招聘来的都是些听话但不中用的"奴才"，则另当别论。）老板可以让秘书拿个秒表，精确统计自己在公司内部会议上说话的时间比例，以便既定性又定量地观察自己在这方面的进步或退步情况。

"晚说"。俗话说，贵人话语迟。老板是公司里最"贵"的人，自然应该最后一个说。可是在中国目前的实际管理情景中，我发现大多数老板都没有耐心等到最后一个说，为数不少的老板还总是充当"第一"的角色。从这个意义上，他们还没有真正把自己做成"贵人"，做不到"话语迟"。

我还顺便让晓波回忆了一下去年集团的战略研讨会。"现在看来，我当时在会上确实说多了，也说早了。"晓波感叹。"或许，你当时的多说、早说，与今天高管们为什么对公司战略那么生疏、那么不把公司战略当回事也有关系。"我"趁火打劫"。晓波陷入沉思。

"不说"。在这儿"爆个料"。当我第一次提到"不说"这个概念时，晓波觉得难以接受："'少说''晚说'可以，'不说'不行。我不能眼睁睁地看着他们犯错误。""但是，您不是经常说'本企业鼓励人创新、允许人犯错吗'？看来，这只是口号而已。"我刺激他。"话可不能这样说。"晓波有点急了。"那该怎么说？请董事长赐教。"我乐了，故意逗他。

长话短说，最后我们两人还是统一了看法：从长远来看，为了让高管们得到锻炼、获得发展，有时，老板还真得"睁一只眼闭一只眼"，由下面去"折腾"，任下面去"胡闹"。下属犯错，上司买单，可能是公司为了人才的发展而必然要付出的代价。晓波甚至还与我讨论了他愿意承担的这一代价的具体数目。譬如，为了 CEO，他愿意出 1 000 万元让他从错误中学习；为了 COO，800 万元似乎也不为过。

"'少说''晚说''不说'，说来说去，你不就是要我闭嘴嘛！"晓波最后笑着说道，"你知道我这张嘴可是在业内赫赫有名的。""你悟性真高！"我也笑了。

话说回来，尽管顾晓波董事长对培养人才一事深表赞同，并愿意付诸实践，但是人才培养不应是董事长"一个人的战斗"，企业更需要在这方面做到有计划、有体系。

以下是我与他在这方面分享的部分内容。

标准是基石

企业究竟需要什么样的领导或管理人才？这是一个最基本、最重要的问题。

近年来，优秀企业往往通过建立企业"胜任力素质模型"或"领导力资质模型"的办法科学地回答这一问题。在过去的十多年中，我帮助包括联合利华（伦敦）、西门子移动（上海）和比亚迪（深圳）在内的一些企业创建过这样的模型。

"哦，那玩意儿我们也有。"晓波迫不及待地向我展示了他的杰作："管理干部准则"。

看到"要坚定，但不要固执""要自信，但不要自负""要忍让，但不要迁就"等说法时，我忍不住笑了。

"你笑什么？"晓波不悦。

为晓波"贴身服务"了两年，我知道，有时候，与其兜着圈子试图启发他，还不如直截了当地刺激他："什么是'坚定'和'固执'，什么是'自信'和'自负'，有标准吗？还不是你董事长说了算？你这'18

要和 18 不要'，我看不是'公司用人标准'，充其量只是你老板的个人要求。"

"那你的那些'模型'啥模样？拿出来让我见识见识！"

这下，老板"上钩了"——他的好胜心和好奇心被调动起来了！我给他看了几个教科书上的案例（我的其他客户的资料，属保密信息，是不能拿来做"教材"的）。每个模型都由 6～12 种资质组成，每种资质又可细分为 3～6 个行为等级。譬如，"人际影响力"资质，可细分为四个级别：诉诸逻辑力量；利用间接关系；个性化、戏剧化；系统化、政治化。每一级下面，还有若干条具体的行为描述。

晓波阅后，沉思不语。"请董事长比较一下您的'18 要和 18 不要'与这些模型的不同。"比较之后，"真是不怕不识货，就怕货比货呀！"晓波由衷地感叹。

长话短说，我最终还是"逼迫"晓波总结出了两者之间的一些明显差异：

- 人家一般都是八九条，我的是人家的两倍。太多了，没人记得住。
- 人家那八九条，是有逻辑地组合成模型，然后用鲜明的形象艺术地表现出来；我的则是"散文般"随意罗列。
- 人家那八九条是分级、"定量"的，可用来区分好坏优劣；我的则只是"定性"的，读起来朗朗上口，但"使用价值"不行。
- 人家用的都是行为动词，而我用的主要是形容词和副词。前者可作为衡量人的"胜任力素质"的标准，而后者则难以承担这一重任。如果勉强拿来当人才标准用，就跟拿橡皮筋做准绳差不多。

我当时说了句笑话："以'顾氏 18'做标准，顾老板说你'好'，你不好也好；顾老板说你'不好'，你好也不好。"我现在脑子里还能清楚地浮现出顾董事长当时脸上尴尬的笑容。

方法很重要

这些年来，商学院越来越多地采用"案例教学法"。课堂案例研讨似乎被普遍认为是优于教授单纯进行理论灌输的"最佳教学法"。然而，一些在国内外一流商学院读过不止一个 MBA 或 EMBA 的"商界精英人士"，尽管在进行案例分析时具有逻辑性和系统性，头头是道，娓娓动听，但一到具体、实际的领导与管理情景之中，其表现水准却常常让人大跌眼镜。"应知"与"应会"之间的差距实在太大了。晓波在这一点上不但与我"英雄所见略同"，还在讨论时为我添加了两个他的公司里的"鲜活案例"。

万科在这方面做了值得称道的"改革"。它要求参加高管培训的一线总经理在模拟的情景中真实地表现出其领导或管理品质。然后，培训师根据个体的当场表现，评判受训者的领导或管理水准，并采取相应的、个别化的教学措施。作为这一改革的设计和实施者之一，几年来，我从万科"受益者"那里得到的反馈一直是积极正面、鼓舞人心的。

万科的这一与众不同的"路数"，被称为"领导力发展中心"。它包括角色扮演、现场会议、公开演讲、邮件处理、行为事件访谈等多种方法或工具。举例来说，我曾扮演过媒体记者，对受训者做危机事件的采访；曾扮演过董事会主席，要求受训者向董事会报告进入新市场的方案并接受董事会的质询；曾扮演过下属，对受训者给我的绩效考核分数表示抗议并要求更改；曾扮演过缺席的总经理，电话要求六位受训者以副总的身份马上开会讨论并做决议，而要达成决议，他们必须善于提问、启发、说服和妥协，由于互为"同级"，此时"职务影响力"一点都用不上，命令、强制会造成对抗和失控……万科的"领导力发展中心"为期两天，每次只培训六位高管。

关键在领导

在我"眼见"与"耳闻"的所有公司中，华润似乎是最重视高管培养的。近几年，华润在 Hay（合益）等咨询公司的帮助下，先是构建了领导力素质模型，随后以此为标准，对高管们进行了系统的测评。在此基础上，再花大力气、出大价钱，在全球范围内挑选合适师资，主办了长达两年（平均每月一至两天）的"60 班"（学员大多数出生于 20 世纪60 年代），密集、系统、多渠道地培训高管人员。华润董事长在这方面更是"亲力亲为"。他任命自己为"60 班"班主任，除了亲自参与"60班"总体方案设计外，还面试每一位培训教员，并亲自向老师提出具体要求。他甚至还像其他 30 多位学员一样，每课必到，并且每次在课后都做"闭幕演讲"。

多年前，"全球第一职业经理人"杰克·韦尔奇在回答《商业周刊》记者提问时说："发掘、考核、培养人才的时间加起来，至少占我所有时间的 60% ～ 70%。要想有好的人才质量，至少要花这么多的时间，这是赢的关键。这个问题我对上百万人讲过，有些人听进去了，有些人不感兴趣。"我借题发挥，对晓波"有意无意地"说："我们中国企业家中，叶公好龙者还特别多。嘴上往往说得好听，可舍得像华润董事长那样在高管培养上花精力的还真不多见。""你不是指桑骂槐吧？怎么说了一大圈，又回到我头上来了？""自然，关键在领导嘛！"四目对视，我俩会心地笑了。

2. 总裁的"近见"与"远见"

可惜并非所有总裁都能意识到这个问题。很多人从成为总裁的那一刻起，就生活在自制的光环下，一厢情愿地把那些讨好奉承的话当作事实，而不知自省，直到出现难以弥补的重大危机时，才幡然醒悟。

2010 年年初，作为总裁的教练，我参加了国内某上市公司的年度战略规划会议。两天的会议中，整个高管团队 20 余人在总裁陈光辉（化名）的带领下针对公司的战略目标进行了热烈的讨论。从观者的角度来说，这是一场"看上去很美"的战略年会。快要落幕的时候，满面春风的陈总发表了热情洋溢的讲话："这是一次成功的会议，一次群策群力的会议……"

这的确是一次"群策群力"的会议。总裁话音刚落，20 余位高管便轮番上阵，"粉墨登场"，又是唱赞歌，又是表决心。在 20 余张迷人笑脸的映衬下，角落里的我缓缓站起身来，走到了会场的中央："……为了让陈总进一步了解大家的真实想法，请大家做一个民意测验。"

话音未落，我已经感受到高管们眼神里的狐疑。直视着会议室里的每一双眼睛，我力图把自己变成一个坦荡的透明人："请大家放心。民意测验是匿名进行的。我不认识大家的笔迹，也绝不会去比对大家的笔迹。而统计出'集合数据'后，大家的'手稿'都会被销毁。请相信一个在国内外工作了 20 多年的专业人士。要知道，在美国透露了这些信息，我是要丢饭碗的。"

测验的问题只有三个。

第一个问题，请用两个形容词来描述你对这次会议的感受。

第二个问题，请用以下两个句式造句：一是"假如我是陈总，我会……"；二是"要是陈总能……就好了。"

第三个问题，你觉得在这两天的会议中，你的批判性和创造性思维发挥了百分之多少？你的同事们发挥了多少？陈总发挥了多少？

两天以后，带着民意测验的结果，我再一次约见了意气风发的陈光辉。显然，他对民意测验的结果并不担心。看到我的时候，他以特有的握拳方式向我行礼，打趣我的秘书是不是真的把高管们的"手稿"销毁了。

"陈总，你觉得大家用得最多的形容词是什么？"

"还能有什么？成功、活跃、史无前例、大受鼓舞……"

我微笑着递给他打印好的测验结果。我故意选择了一个与他面对面的座位，希望将他错愕的表情尽收眼底。这是不是有点小人之心，我说不清，不过这种时刻确实是我工作的部分乐趣和价值所在。给老板们做一面真实的镜子，是俊是丑让他自己看。

在打印的测验结果上，超过 80% 的人用"无聊""浪费时间""老调重弹"等负面词汇来形容这次两天的会议。而在第二个以"我"开头的句式中，"假如我是陈总，我会大大缩短会议时间"（甚至"我会取消会议"）之类的句子占了相当的比例，还有很多人表示"要是陈总真想听我们的意见就好了"。至于第三个问题，高管们普遍认为自己的批判性或创造性思维发挥程度不足 40%，同事们在 50% 左右，而陈总则发挥了 90% 还多。

足足十分钟，陈光辉没有开口。他时而张开嘴，脸涨得通红；时而面色灰白，表情颓丧。我知道他的内心在愤怒与失望间挣扎，就像他的面色在潮红与灰白间转换一样。

在接下来的两个多小时里，我以提问的方式与这位老板共同分析了现象背后的原因，并讨论如何改进。说实话，我不期望他在这个阶段就能彻底转变。重要的是，他开始反思："为什么人人都看得到的事实我看不到？为什么管理层都知道的真相我不知道？为什么没人愿意对我说真话……"

像大多数民营企业家一样，从一无所有到腰缠万贯，这位总裁完成了从贫民到富豪的蜕变。能做到这一点，自然有其过人之处，但也往往因为过去的成绩而被蒙蔽双眼。这时候就特别需要"近见"。这是我造的一个词儿。所谓"近见"，就是要不断地审视自我，洞察自我，不断反思，不归罪于外，而反求诸己。郎咸平曾经强调，成功的企业往往有着一个富有远见的总裁，他能看多远，企业就能活多久。这句话只说对了一半。不少民营企业家一旦有成绩，就变得只有远见，而没有近见，极度地自我膨胀，不知道自己有几斤几两。反观最近几年中国企业家的沉沉浮浮，大多都赢在远见，而输在近见。

拥有近见不容易。首先，你需要有勇气。客观的自我评价需要褪去层层光环，光环下的皮肤有些可能已经坏死，揭开会很痛，只有具备足够的勇气才能支撑对自我的探索。

其次，要有胸怀或气度。多数人在成为总裁后，很少受到别人的批评，当我向他们反馈负面评价时，对方有时候会以太忙为由，结束反馈，也终止了项目合作。对一个领导力教练尚且如此，又如何能容得下下属的批评意见？自然，也就不敢有人提意见。

再次，需要寻找一种适合的工具来客观地审视自己。它可以是多面镜，如 360 度反馈；或者是显微镜，如动机的心理投射测验；也可以是扫描仪，比如我所扮演的总裁教练角色。

最后，要坚持不懈。一两次向下属寻求反馈和意见，对于总裁是容易的，难的是持续不断地寻求他人的反馈和自我反思，并以此指导个人行为的持续改变。

在这里，我给出一个小工具，有兴趣的总裁们可以尝试着给自己做个评价。

- 您的下属在过去的三个月内向您指出过您的缺点或不足吗？
- 您的下属在过去的三个月内挑战过您吗？
- 您的下属在过去的三个月内邀请过您参加他们的私人聚会或社交活动吗？
- 您的下属在过去的三个月内主动和您谈起过他们职业生涯方面的困惑和探索吗？
- 您在过去的三个月内向您的下属征求过他们对自己的意见或看法吗？
- 您在过去的三个月内向您的下属检讨过自己的不足、分享过自己的反思吗？
- 您在过去的两年内使用过"360度反馈"这一工具来帮助自己吗？
- 您在过去的两年内使用过任何其他心理测试手段来帮助自己吗？

如果对于以上问题，你的答案大多数是否定的，那么，请鼓起勇气，敞开心胸，找一面"镜子"照一照吧！

3. 价值观为什么没价值

在我们这个"私人董事会"成立"半周年"之际，小组讨论的专题为"我们小组需要什么样的核心价值观"。

经过4小时、6轮不同形式的研讨、辩论之后，最后达成一致意见：我们这个"企业家学习型组织"需要的核心价值观为：信任、关怀和挑战（见图4-1）。

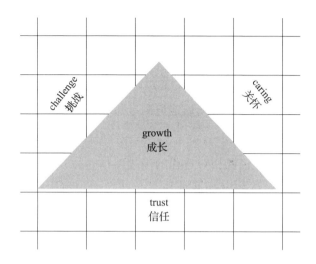

图 4-1　伟事达 001 组私董会的价值观

与此同时，我们也厘清了这三者之间的辩证关系：互相挑战是我们的学习方式的基本特征和主要特色；关怀是挑战的"孪生兄弟"，是挑战之所以有效的出发点；而相互间的信任则是我们这样的组织所不可或缺的前提和保证。

有意思的是，当小组会议圆满结束、大家热烈鼓掌时，企业家们赞赏的，不仅仅是我们工作的"结果"，即在组织宗旨、发展原则方面达成的共识；更重要的是这 4 小时的热烈而又紧张的"过程"，即我们之所以能取得如此结果的途径、方法和手段。

几位特有"慧根"的"有心人"感叹：难怪，我公司的核心价值观在厂区最醒目的地方挂了好几年，甚至还被制成了精美的小卡片要求每位员工随身携带，但至今感觉不到任何效果！原来，是我们提炼价值观的过程出了问题！

这次特殊的小组会议之后，我应邀做过两次"公司的核心价值观为什么没有价值"的专题演讲。现把相关要点整理出来，以飨读者。

价值观的形成过程

每当我问及企业的核心价值观时，被访的老板们往往只介绍"结果"，即挂在公司墙上的那十几个字，很少主动告诉我这个结果究竟是如何产生的。而我总要不厌其烦地逼问老板：公司的价值观是如何提炼出来的？

我对结果的明显轻视和对过程的极端热情，往往让老板们感到困惑甚至愤怒：这个家伙何以如此偏执，非要了解提炼过程的方方面面！殊不知，价值观的提炼过程，在相当程度上决定了价值观对企业的价值！

现在，还没有用明确的文字来描述企业核心价值观的中国公司，是越来越少了。然而，要是有人愿意做些粗浅的调查研究的话，就会发现大多数公司的价值观陈述颇为雷同。这关系倒不大，因为区分优秀企业和一般企业，不是看它们的价值观陈述得多么漂亮或与众不同，而是看它们是否真的把贴在墙上的东西当回事，看它们在执行时的一贯性和严肃性。核心的问题在于，大多数中国公司提炼价值观的过程雷同：老板在某一天突然意识到，好像我们的"左邻右舍"中不少都有价值观陈述了，本公司如不在墙上也挂上几条，似乎有点赶不上趟。于是，在某个会议上与高管们"群策群力"，一般不出一个小时，公司的核心价值观就被这十来个脑袋给"拍"下来了。

理性的过程，不是提炼公司核心价值观的最佳选择。遵循这个领域的"老祖宗"吉姆·柯林斯的意见，我在帮助客户公司提炼核心价值观时，走的是感性的路线。

尽管我的准备工作中会包括高管访谈、阅读公司相关文件等，然而，提炼公司核心价值观的最基本、最主要的途径，是一次为期两天左右的、以扪心自问和相互碰撞、刺激为特征的高管研讨会。会议伊始，我会先让大家就一两个有争议的社会热点案例进行辩论，启发大家进入"从价值观角度思考问题"的境地。随后，我会提出一些与个人价值观有关的问题，要求大家在纸上"不假思索，即刻回答"，如：

- 你的孩子长大成人，要开始他的第一份工作了，你期望他继承你身上的哪些品质？
- 如果你突然意外地从一个亲戚那儿继承了上亿元的财产，你还会正常上班工作吗？为什么？

……………

要是时间许可，我还会在展示了一些名人的"墓志铭"之后，要求大家在哀乐声中为自己写一段墓志铭。当然，上述仅仅是"热身"，等大家都进入状态之后，我的问题便开始向公司"倾斜"：

- 我之所以还留在这个公司干活，是因为这个公司……（填空）。
- 如果你离开现在的公司去创立自己的企业，你会期望这个新企业具有怎样的特点或特征？

……………

为了有助于大家感性地倾听自己内心的声音，而不是理性地去寻求"政治上正确"的答案，我有时甚至还强行要求大家把自己的手放在胸口上，而不要支在脑门上。

只有当这长长的"序幕"让大家变得异常感性时，我才感觉"we are ready"（我们准备好了），才开始引导大家进入"正题"：我们这个公司需要怎样的核心价值观？

我一般先给大家几分钟时间，要求每人写下自己的看法。然后把与会人员分成若干个小组，要求各小组在规定的时间内交出一份大家都赞同的价值观清单。

可以想象，那些高管们形成共识会有多么艰难。而当各个小组内的观点好不容易趋于一致时，我马上"强拆"，让高管们在随机重组的小组中再"战"。我还时不时地说一些"怪话"去激励他们的"斗志"："看看谁的观点能得到大多数人的赞同""看看谁能真正影响其他人的看法"。

如此几轮小组活动后，我们再举行大组辩论，以求得大家对价值观的实质内容和语言表述的一致意见。

接着，我还会抛给大家几个经过精心"修饰"的本公司或本行业有争议的案例，要求大家用"新鲜出炉"的价值观去判断其是非。

于是，"硝烟再起，杀声震天"。结合实际案例的研讨，不仅加深了大家对价值观重要性的认识，而且帮助大家及时修正或改善了相关的内容或陈述。

提炼价值观的理想过程，不应该是一个理性的遣词造句的过程，而是一个感性的拷问内心的过程。为了保证这一过程的诚实或曰"率真"，经验和教训告诉我，有些"游戏规则"是必须遵守的，如：

- 公司的"一把手"，尤其是民营企业的创始老板，务必"贵人话语迟"。他的话具有"定调"的作用，绝对不能先说。讨论到敏感的地方，我还"指令"老板离开会场，以便大家畅所欲言。
- 先个人，再小组，最后大组；先书面，后口头；先匿名，后公开（对某些敏感话题，我会要求大家将其看法不记名地写在纸上交给我，由我公开宣读后再当众撕成碎片，以保障"作者"的"匿名权"）。这些比较合适的研讨顺序，符合中国人"慢热""委婉"及尽可能"不犯上"的特点。

- 价值观的陈述也许有好坏，但价值观本身无对错。研讨过程中，作为"协调者""催化师"（facilitator）的我，必须同时担负起"警察""裁判"的职能，"制裁""打击"各种可能破坏民主讨论氛围的言行。当然，会议伊始，我必须首先开诚布公，向所有与会者申请这一"特权"并得到他们的批准。

我觉得，从某种意义上来说，公司核心价值观的研讨过程比结果更为重要，或者换句话来说，研讨方式比内容更为重要。假如公司管理层没有经历过一个"真情投入、充分民主"的研讨过程，从而在心底里把饱经"锤打""撞击"而提炼出来的价值观视为"我们的"，那么，贴在墙上的价值观陈述哪怕再押韵、再动听，也是毫无作用的。

然而，提炼过程对了，只是价值观"落地"的首要条件满足了。经验和教训告诉我们，要使企业的核心价值观起到其应有的作用，还有另外三个重要的、不可或缺的条件。

价值观与资质模型

核心价值观作为宗旨、理念，本质上是抽象的，形式上是"粗放的"。要使价值观这一属于精神层面的东西落地，即让价值观物化到公司员工的日常工作习惯中去，需要将其行为化、操作化、具体化，亦即把价值观细化为所谓的"competency"（"胜任力素质""资质"）。

自这个领域的"老祖宗"麦克利兰和他的同事在约半个世纪前提出了这个概念并发明了一系列相应的技术之后，其显著成效已经为无数中外企业的实践所证明（20 世纪末和 21 世纪初，作为管理咨询顾问，本人就亲历了在美国的 IBM 总部、英国的联合利华总部和中国的华为总部将其企业优秀员工坚守的价值观系地细化为员工行为细则的一个个高低不同的等级的过程。十多年后，我还一直关注着这些企业如何在招人、用人、留人等实际工作中深入运用这些资质，并不断与时俱进、更新其模型）。

由于阿里巴巴的核心价值观已经在媒体上公开，我们可以将其作为"麻雀"来解剖一下。乍一看，这些被神叨叨地称为"六脉神剑"的价值观似乎并没有什么神奇的地方，无非"诚信""客户""激情"等老掉牙的内容。但你若愿意花两分钟时间细看一下的话，就会发现这个企业的价值观的表述不同寻常。以"团队合作"为例，可能 70% 以上的中外企业的核心价值观中，都有这一内容。但唯有阿里巴巴，给"团队合作"下了这样一个"共享共担，平凡人做非凡事"的不凡定义。而其精华，还不在定义，而是定义之后的详细注释。与"芸芸众生"不同，它们不是泛泛的要求或平平的案例，而是具体的、细致的行为描述：

- 积极融入团队，乐于接受同事的帮助，配合团队完成工作。
- 决策前积极发表建设性意见，充分参与团队讨论；决策后，无论个人是否有异议，必须从言行上完全予以支持。
- 积极主动分享业务知识和经验；主动给予同事必要的帮助；善于利用团队的力量解决问题和困难。
- 善于和不同类型的同事合作，不将个人喜好带入工作，充分体现"对事不对人"的原则。
- 有主人翁意识，积极正面地影响团队，改善团队士气和氛围。

再细看这五条描述，不但其"主干"都是行为动词，而且这五个系列的行为都是有"等级"区别的！"发表""参与""支持"的级别高于"融入""接受""配合"；以主人翁的精神去影响、改善团队的行为，又高于在"对事不对人"的原则指导下和不同类型的同事合作。

　　将价值观细化为资质，这活儿看似简单，真要做起来，才知道其实很不容易。只有亲身做过的，才知其中甘苦。这几年我服务过的企业中，有请了咨询公司，脱了两层皮之后才勉强做成的；也有 HR 总监在"自力更生"的过程中暴露出了自己专业上的"庐山真面目"，其拼凑的资质模型和自己的乌纱帽一起被老板给拿下的。前几天，一位已经"被换岗"的前 HR 总监还向我感叹：那可真是个技术活！要早知自己不是那"金刚钻"，干吗主动请缨去揽那"瓷器活"呢！

价值观与绩效考核

　　一提到绩效考核，恐怕 95% 以上的经理人都会"自动化地"联想到财务指标，而把他们学到的有关"平衡记分卡"的理论置于九霄云外。在商言商，企业确实不是"玩虚"的地方。凡是无法测量、进入不了考核体系、和经理人的薪酬福利挂不上号的东西，在企业里基本都属于"清谈""扯淡"，都不会真正受到重视。当然，这也包括被大家在口头上公认为"最最重要的"企业核心价值观。

　　在今天的商业背景下，若想让价值观真正落地，必须在把价值观行为化的基础上，将价值观的考核纳入企业的考核体系或考核机制中去，并赋予其相当的"权重"。阿里巴巴在这方面的实践同样值得参考和借鉴：员工奖金的数量，不仅取决于其财务指标的完成情况，同时，还为他们在落实那六项核心价值观方面的表现所决定。而且，两者的比例相等！

　　对核心价值观的作用，阿里巴巴创始人可能是中国知名企业家中最重视的人。但对阿里巴巴员工的日常行为起决定性作用的，不是创始人在这方面说了什么，说得多重，而是阿里巴巴在这方面是否有实质性的措施或策略。试问，要想让员工把企业的核心价值观真正当回事，还有什么比在绩效考核中把价值观的落实与财务指标的完成放在"半斤八两"的位置上来得更有效呢？为了保证上述文字的真实性，我前些天还在一个会议上当众请教了阿里巴巴的前 CEO 卫哲。说到阿里巴巴对核心价值观的重视以及该公司绩效考核的"体制"，他侃侃而谈，赞不绝口。卫哲先生离开阿里巴巴已有几年了，而且他"退役"的背景在中国也是妇孺皆知的。他至今还对阿里巴巴有如此情感，令人感叹！

价值观与老总表率

毋庸赘言，企业创始人、一把手的言行举止是对公司价值观的最好诠释。没有人是傻瓜，大家都会有意无意地对老板"听其言，观其行"。只有老板的言行与其倡导的价值观"保持一致"时，公司的价值观才有可能成为众人的行为指南，否则，只是骗人的标语口号或员工饭后茶余的谈资笑料。

在"上梁不正"的情况下，价值观的陈述越是美妙而动听，价值观的宣传越是频繁而广泛，"下梁歪斜"的程度则一定更为普遍而嚣张。这方面的例子，我们见的难道还少吗？

还是提供"正能量"吧！2011 年 11 月的"财富"杂志上，英特尔副总裁方之熙给读者讲了一个安迪·格鲁夫的小故事：在英特尔高速成长的 20 世纪 90 年代，有一些不尽人意之处。比如说每次进出公司，按照规定，都有保安来检查员工的包，大家当时对这个规定普遍反感。但有一次方先生在排队的时候，发现格鲁夫本人就排在他前面，而且，作为公司的大老板／创始人，他竟然也像众人一样接受安检。从那以后，当时还是"小人物"的方先生就再也不抱怨了。"这就是我见到的安迪·格鲁夫"，方之熙写道，他"用最不特立独行的方式让你震撼"。"安迪·格鲁夫在英特尔没有独立的办公室，像每位员工一样只有一张一模一样的办公桌；他在公司也没有特殊的停车位，他的办公环境并不比普通员工享有更多的特权……"

2011 年年底，我与一些"阿拉善生态协会"（中国当前规模最大、治理最好的企业家民间环保慈善组织）的同人一起去深圳参观考察著名的"华大基因公司"。其间，感受到公司各级管理人员对其创始人／一把手汪建有着从心底里发出，而非牙缝里挤出的崇敬。问及原因，有人告知一件"小事"：汪建先生的办公室在 7 楼，而他，从来是走楼梯的。整个公司里，就数他电梯用得最少。汪建先生谈论环境保护时，说古谈今、引经据典，我等听众不断点头，频频鼓掌，然而，他本人的以身作则，则对大家更有感召力、影响力。

4.　"执行力"问题的实质是"领导力"

2009 年，某个中国 500 强企业的副总裁来电邀请我参加其公司年会，并为 300 名中高层管理者讲一天课。我问她讲些什么为宜，她说我是知名专家，讲眼下中国企业关注的就行。因与她私交不错，我便答应了。

讲课前一天晚上到达驻地，一看这个为期三天的大会的议程表，我顿时傻了眼：在我"承包"的那一天的议程上，只有三个大字："执行力"。"我可是从来只讲领导力，不讲执行力的。"我向该副总裁抗议。"可我们老板这两年只谈'执行力'，他从来没用过'领导力'这个词。您就帮帮忙吧。"生米已经煮成了熟饭，我再抗议也无济于事。

第二天早上，我准时出现在会场。面对 300 位中高层管理者，我首先发问："在座各位都是带队伍的，少则十几二十，多则成百上千，对吗？""对。""你们董事长花这么大的代价把各位从各地请来总部开会、充电，他感兴趣的主要不是你们作为个体的具体执行能力，而是你们带领整个团队的综合指挥能力，对吗？""对。"台下又齐声回答。"好，这种综合的指挥能力就是领导力。领导力的提升，是各位有效执行董事长的指令，带领团队完成公司下达的业绩指标的前提……"我按照事先准备好的"领导力"内容，在"执行力"的旗帜下讲了一整天。台下就座的董事长一直不置可否，脸上一副深不可测的神色。下台后，副总裁告诉我，她整天捏着一把汗，因为董事长要是感觉谁说得不顺耳，他会随时上台取而代之，丝毫不顾人家脸面。

从表面上看，我的有惊无险似乎与善于做文字游戏有关。其实不然。回望过去，中国企业界原来是不讲"执行力"的。"执行力"一词的流行，始于美国拉里·博西迪和拉姆·查兰合著的《执行》一书中文版2003年初的问世。然而，翻开该书的第一页，上面赫然写着"献给杰克·韦尔奇，他是我们这个时代最杰出的执行者"。若"全球第一经理人"是个"执行者"，哪个企业的领导人才是"领导者"？再看柳传志为该书所写的序言。他说，"有效的执行是需要领导者亲力亲为的系统过程"，企业领导人"只有将战略、人员与运营进行有效的结合，才能决定企业最终的成功。结合的关键则在执行"。至于作者本人，则开宗明义："执行应当是一名领导者最重要的工作。"这样看来，对于企业的各级管理者来说，执行和领导几乎就是同义词了。领导的主要职责是执行，而有效的执行需要得力的领导。

遗憾的是，大多数老板自己恐怕并没有读过《执行》这本书。他们在慷慨地把《执行》送给管理层让他们人手一册时，想当然地认为自己是老板，是决策者，需要的是领导力，而管理者们处于执行层面，他们需要的是执行力。我遇到过一些老板，他们对执行力情有独钟，开口闭口"执行力"，会上会下"执行力"，这个词似乎成了万金油，可以用来解释企业所有问题的症结。老板没有看到，当他用一个手指指着下属斥责他们缺乏执行力的时候，他其余的多数手指都是指向他自己的：实际上，部下执行力差，往往是老板领导力弱的反映。

我们从《执行》一书提到的三个方面来看。首先，公司方向、战略不明，造成各级员工执行力低下。要是我说中国99%的企业没有方向、没有战略，读者也许不信。让我告诉你我的"亲身实践"。几年来，我向上千名老板和高管问过同样的问题："贵公司有明确的使命、愿景、核心价值观和战略吗？"做出肯定回答的比例一般在20%左右。我接着问："假如我请贵公司高层中的十位领导即刻坐下来，发给每人一张纸、一支笔，要求他们在不交头接耳的情况下，把公司的使命、愿景、核心价值观与战略写在纸上并做一个最简单的注释，你估计出来的答案会有多少个？"大家会心地笑了。我的结论是：企业的每个领导都是有方向或战略的，但公司则没有。在公司方向或战略缺失的情况下，大家执行的对象或曰内容都不清楚，强有力的执行自然无从谈起。毋庸赘言，这首先是老板的责任。

其次，管理流程、组织架构问题造成执行力低下。多年前，当我回国开始为华为、TCL等公司提供管理咨询服务时，国内企业在流程、架构方面是有严重缺失的。今天则不然，很多上规模的民企已经有了明确的业务流程和组织架构，但老板也逐渐发现了这些玩意的真谛：它们本质上是用来限制老板的。流程和架构使得老板难以随心所欲和朝令夕改，它们似乎天生就是老板的天敌。于是，出大钱邀请咨询公司来梳理流程和架构，首先跳出来抗拒制度、破坏规则的，往往都是同一个老板。企业的运营，本质上还是依赖"潜规则"。各级下属把相当一部分精力用于揣摩上级和上级的上级的偏好，甚至揣摩他们当天的情绪状态，执行的效率和效果怎么会好？这些年来，我亲眼见证了一些企业从"无法可依"到"有法不依"的转变，感叹不已。

最后，选人、育人不当，造成执行力低下。说到底，执行的主体是人，人的意愿和能力决定了执行的结果。韦尔奇当年把他的大部分精力花在人身上。相比之下，我们的民营企业老总在选人、育人、激励人、指导人方面花的精力与时间微乎其微，然而，在用人方面，往往又提出近乎苛刻的要求。结果，弄得上上下下都不满意。而要当一个让民营企业老板满意的人力资源主管，其概率也就很低了。怪不得人力资源主管的跳槽率这么高！

不说那些玄乎的，实际点，就说钱吧。"又要马儿跑，又要马儿不吃草"的总裁还大有人在呢！一个规模几千万元的公司发展到了几十亿元，高管们的月薪一直在两三万元之间徘徊，你还衷心期盼他们有高效执行的意愿和能力？一次，当一名老板振振有词地谈论他怎样教育下属要有主人翁精神时，我插问了他一句："您在公司的股份比例是多少？""100%。""您还真期望大家把自己视为公司的主人？"老板的悟性很高，顿时不吭声了。

上述三方面的问题，可以认为是老板自身的执行力弱导致了全公司的执行力差，也可以说是老板的领导力差导致了公司的执行力弱，大家不妨见仁见智。但有一点也许是肯定的：一把手的问题是核心、是关键，不管你称之为领导力问题还是执行力问题。

最后，建议总裁读者在再次责怪下属执行力差之前，不妨先问自己几个问题：

- 公司有明确的方向和战略吗？若有，大家都认同吗？理解一致吗？
- 当你的意愿与公司的流程和架构有冲突时，你期望下属"按规矩办事"还是服从你的意志？

- 你把多少精力放在"事"上，又有多少时间留给"人"？
- 当你反复证明你的下属确实能力低下时，你为什么还不换掉他们？

或许，你在无意识层面明白：公司执行力差的根本原因就在你身上。

5. 给"冷冲突"来个"热处理"

企业的 CEO 在面对组织内部各种冲突时，应该采取什么样的态度或策略？有没有所谓"中国式管理"的路数来帮助我们处理人际冲突？

我们先来看一个案例。

会议室内，又一次陷入僵局，两位副总各执己见的发言把气氛搞得异常紧张。

"老陆，你觉得我的建议怎么样？"气呼呼的副总 Jim 不再搭理与他意见相左的雷副总，转向一直沉默的陆总。

陆总缓缓地说："你们俩说得似乎都有道理，还是再考虑考虑吧，今天就先这样了……"

话音未落，Jim 腾地站起来，摔门而去。

"陆总，您看 Jim 这火暴脾气，我也没说不行，我的意思是……"看到陆总摆了摆手，正欲辩解的雷副总无奈地把后半句话咽了回去，一脸不高兴地离开了。

在我辅导的总裁中，陆总是个典型的"和为贵"式领导，面对"热冲突"，他总是"冷处理"。他期望矛盾冷一冷能自然化解，结果却带来长期冷战，高管们积怨越来越深，关系已经恶化到快要分崩离析的地步。陆总也意识到恐怕非得"动手术"了，可又下不了狠心。

2009 年，在我的再三"唆使"下，陆总破天荒地拿出了"不成功便成仁"的气概，决定来个"破釜沉舟"。其条件，是逼我这个教练打破"行规"，从"后台"转到"前台"跑一趟。

某个周六上午 9 点，我和陆总及五位副总坐进会议室。我先让六位高管做了一个团队有效性测试，统计结果表明该团队属于行业较低水平，这意味着他们的领导效能差，对公司业绩的负面影响大。接着，我又让他们做了一套个人心理压力测试题，他们测出来的平均值则为行业最高水平。高管心理压力过大，会显著增加公司决策风险，同时对个人心理健康和家庭生活质量的负面影响也很大。

听到测试结果及危害分析后，六个人表情肃然。大家同意：不变革，是没有出路的。

之后，我让他们讨论第一个问题："如此现状，谁之过？"

见六个人都沉默不语，我斩钉截铁地说，根据我的观察，主要是 Jim 之过。我在郑重承诺保密原则后，让每个人把 Jim 的过错用匿名方式写在纸条上交给我。

我拿起几个人写的纸条，将上面的内容拿腔拿调地刚念了两条，Jim 就受不了了，他开始大声地为自己辩解。我不为所动，继续毫不客气指出他的问题，并明目张胆地挑动其他几人向 Jim 进攻。渐渐地，其他几位副总开始进入主战场，我则变成了旁观者。当然，我的主要目的还是把老板挑起来，让他习惯于这种毫不掩饰的当面冲突。

终于，一个半小时以后，一直保持沉默的陆总突然对 Jim 发了话："你是该改改你的坏脾气了。"看到 Jim 憋红了脸，"穷凶极恶"地开始和陆总针锋相对，我轻吐了一口气。

争论了三个多小时后，大家对 Jim 的评价趋于一致，尽管他本人表示最多接受 30%。

午饭后，我当众撕掉了大家写的关于 Jim 的纸条，然后若有所思地告诉大家我的想法有所改变："也许，团队目前状况的主要责任不在 Jim，而是在雷副总身上。"我让大家按照前例，又匿名列举了雷副总的条条"罪状"。同样，那些纸条我一半还没读完，雷副总也忍不住开始为自己辩解。我故意不理会他，继续极尽所能去夸大他的过失和不足。这时，平时与雷副总积怨最深的 Jim 竟然出来帮他说话："老雷其实不是那样的人，老张你可能误解他了……"

从用匿名的纸条开始相互抱怨、指责，到直接地相互批评和自我批评，再逐渐地过渡到耐心解释、澄清误解，两天的时间似乎过得挺快。在一个封闭的物理环境中，高管们开始敞开心扉，坦率交流……三天后的全公司管理人员会议上，大家欣喜地发现，高管们的精神面貌和相互关系有了显著改观，Jim 居然能和雷副总当众开玩笑了。当然，关键是，陆总在经历了那次"重生"之后，不再那么惧怕冲突，也不再那么热衷于"冷处理"了。他开始尝试"引爆"冲突，并多次获得理想效果，整个管理团队的氛围和效能也随之不断改善。

我们中国人似乎倾向于对"热冲突"进行"冷处理"，而中国的很多管理人员往往把"冷处理"变成了"不处理"，最后不但自己的心理不健康，团队氛围乃至公司的文化也受到负面影响。我在教练过程中，会建议总裁或 CEO 们少一些华丽的"圆融"，多一些显眼的棱角。在今天"快鱼吃慢鱼"的商业环境中，我们恐怕已经没有足够的时间来"冷处理"，若想高效率地解决冲突，最好的办法可能就是像西方人士那样，"put everything on the table"，即及时、坚决地把"冷冲突"加温为"热冲突"，勇敢地面对它，艺术地处理它。

冲突管理，既是对领导魄力的考验，更是领导艺术的展现。一方面，冲突被引爆后，结果具有不确定性，总裁需要具备承担后果的决心和勇气；另一方面，只有运用高超的调解技能和领导艺术，才能将冲突转化为"资产"而不是"负债"，而这与总裁的"情商"又有着莫大的关联。建议公司总裁在决定"上阵"之前，先尝试回答下列问题：

- 他们之间的冲突，我若不出面干预，有没有自行消失的可能？
- 他们之间的冲突若得不到解决，对公司的危害有多大？我是否具有长期承受的能力？
- 我若出面引爆冲突、激化矛盾，是有可能"砸锅"的。我是否已经为"后事"做好了准备？
- 冲突产生的原因，主要是基于公司的流程、架构，还是出于团队或个人的利益，抑或与冲突各方的个性、脾气有关？有哪些历史因素在其中起作用？
- 我善于处理内部冲突、调节人际矛盾吗？我需要在这方面寻求外来援助吗？
- 我有系统思路吗？有"挑动""刺激""煽情""催泪"等怪招、奇招吗？有两三个备用方案吗？

6. 张大哥难以复制，海底捞可以学会

没有什么比跟真人零距离交流更能让你有真实的感觉的了，也没有什么比坐在一起吃饭更能拉近陌生人之间的距离的了。

有一次，我服务的那个企业家小组（这两年除了为各类企业的一把手做一对一的个人教练外，我还为一个由20位民营企业老板组成的企业家小组提供"集体教练"服务）有幸请到了海底捞老板张勇。一个下午的座谈加上一个晚上的畅饮之后（地点当然是安排在海底捞），老总

们对海底捞的认识就再也不像传说中或书本上描述的那样了，传奇人物张勇也成了大家心目中和口头上的"大哥"（见面半小时后，我们所有的人都像他的员工一样，自然而然地称张勇为"张大哥"，尽管我们中的多数人比他年长）。

第二天上午，"背着"大哥张勇，我们集中研讨了一个课题：向海底捞学什么，学得会还是学不会？

大家最初的感叹，几乎都集中在张勇个人身上："他真会说话""他太有个人魅力了""他其实很随性，是典型的性情中人""他是个天生的艺术家"……

"难道他不是商人，不是像我们一样的企业家？"我问。

"当然是，他还是个特精明、特会算账的家伙。"一位同学（在这个由企业一把手组成的小组里，大家互相称名免姓，谢绝称"总"）斩钉截铁地回答。

我们的话题就此从直觉、艺术转到了理性、经济，开始"旁征博引"，热烈探讨张勇的脑子里有没有"算盘"，他的"小九九"是否精明。

确实很大方

海底捞确实大方，这方面的事例不胜枚举。但张勇告诉我们，这大方的习惯或文化始于偶然。

创业初期，他发现一位客人的鞋子很脏，便随意安排了一个伙计给他擦鞋，这让客人感动不已。另一位客人吃火锅时，夸海底捞的辣酱做得好，张勇便亲手把一瓶辣酱送到她家里，并告知以后可以给她安排"特供"。这些是海底捞一系列"变态"服务的开始，也造就了海底捞的首批忠诚客户。

更重要的是，海底捞对员工的大方与它对客户的大方是匹配的。例如，为员工租的房子都在不错的住宅小区内，且规定从小区步行到海底捞的时间不超过 20 分钟；有专人负责保洁，房间里配备能上网的电脑；每个月给干部、优秀员工的父母寄钱；出资在员工家乡修建专为员工子弟服务的寄宿学校；等等。

我们小组的同学们意识到，如果企业只对客户大方，而对员工却吝啬的话，员工不可能会有可持续的主动为客户服务的积极性，为客户的超值服务也就成了无源之水、无本之木。

其实很精明

我们小组的老板个个都是自己辛苦创业、从基层打拼出来的，大家一眼就能看出，海底捞上述的那些措施会让公司的利润率大大缩水。"聪明的老板是不会这么做的，"一位同学揶揄自己，"大家都以为自己懂经商吧？所以，中国就只有一个海底捞。"

张勇的分析让我们信服：他丢的是芝麻，得到的是西瓜。餐饮业的成本主要是来自税收、租金和劳动力，食材的成本相对较低。费了些水果饮料之类的小钱，赚到了顾客的高满意度，实际上是很合算的。对于这一点，张勇并不忌讳。他在酒桌上向我们"交待"：利润是从客户的口袋里来的，不是省下来的。顾客的口碑最值钱。在电视台做几秒钟广告就得几十万元，这可以为顾客买多少小食和饮料，换来多少顾客的赞叹和免费传播啊？不怕不识货，就怕货比货。

我们小组的老板们比较后发现，原来张勇算的是"大账"，而我们往往只是在"蝇头小利"里兜圈子。

张勇的慷慨，也确实令海底捞的人工成本远高于其他同类企业。但正因为他让员工满意，员工才让顾客满意，由此才有了海底捞的名声。

大家粗略地估算一下海底捞留住老员工和招收新员工两者的成本，就可轻易地发现张勇的"小九九"其实是很精的。相比之下，我们似乎又只算了眼皮底下的"明账"，而张勇更关注的是这背后的"暗账"。

擅长心理学

再进一步看，这些"暗账"的背后，实则是如何看待员工、如何对待人性这一根本问题。

"把人当人"，是海底捞成功的真谛。不少同学感悟：这些年我们学没少上，课没少听，自以为越来越懂管理了，可与张勇一比，发现自己从根本上错了。核心的问题，是我们在强调管理的同时压抑了人性。随着公司的各项制度、流程变得越来越科学，老板和员工的心理距离也变得越来越远。

"我们只是雇用了他们的手，没雇用到他们的脑，尤其是心，"一位同学说，"若员工只出力，不尽心，我们做的实际上是'亏本的生意'。"

几个小时的研讨、碰撞后，大家逐渐意识到，从某种意义上来说，张勇最擅长的是"社会心理学"和"情感心理学"。说到底，海底捞一个个的创新，就是员工每天做的一件件小事。单独看，鸡毛蒜皮，微不足道，但聚沙成塔，一万多个脑袋持续关注这些小事，累积起来的力量就不得了！

值得我们注意的是，张勇和他的高管团队根本就没有要求员工创新，他们只是努力创造出让员工满意的工作环境，员工中各种各样的创新主意就自然涌现出来了。张勇还告诉我们，公司变大之后，他曾经试图用制度对创新进行考核，但这时真正的创新反而变少了。

"创新不是想创就能创出来的。考核创新，本身就是假设员工没有创新的能力和欲望，这是不信任的表现。"张勇对人性的理解和把握，让我们自叹不如。

我们还比较了富士康和海底捞。从表面上看，富士康给员工提供的各种福利措施与海底捞还真有得一拼，但两家公司的员工的精神风貌为何有天壤之别？关键是，两家公司对人性的基本假设不一样。也许，当你把每个人都当好人看的时候，绝大多数人（不是每一个人）就变成好人了；当你把每个人都当成贼来防的时候，不但组织的氛围会因此变得糟糕，而且会影响每个人的工作积极性，人群中盗贼的比例还会大大升高。

我们小组的研讨快结束时，我提醒大家注意一点：张勇这个公认的"甩手掌柜"，对一件事并没有"甩手"：他兼任着海底捞人力资源部的部长。同时，公司几个部门领导是副部长，分公司老总也是各地人力资源部的部长。海底捞的另类做法，又一次让大家感叹不已，陷入沉思。

我成不了张勇，但我的公司可以成为海底捞

那天晚上，两杯酒下肚之后，张勇曾问我们："你们是否注意到我这个人有个特点，我能把'死的'说成'活的'，把'坏的'说成'好的'，然后还能让人家相信我，愿意跟我走？"言谈之间，略显得意。大家点头称是。

是啊，张勇的说话艺术、影响能力及其背后的智商和情商，让我们佩服得五体投地。虽然嘴上没说，内心里我们承认自己这辈子是没指望成为"张勇第二"了。然而，他"打算盘"的思路及其背后的信念或原理，大家感觉还是可以提炼、总结并"迁移"到各自的公司中来的。从这个意义上说，只要我们有心、用心，海底捞还是可以学会的，尽管不容易。

事实上，海底捞并不"孤独"。据管理专家王育琨先生介绍，连锁蛋糕店好利来就与海底捞有许多异曲同工之妙。他认为，好利来的当家人罗红信奉的理念与张勇一致，都希望让员工活出最大的自在。海底捞同样也可以在海外找到知音。据《哈佛商业评论》2007 年底的一篇文章介绍，美国的一家叫作澳拜客（Outback）的连锁牛排店，其经营理念就与海底捞惊人的相似，简直可以把它称为"西方的海底捞"。

看来，努力让员工先感到幸福，再通过他们让顾客感到幸福，公司的持续性盈利才会有根本的保证。真正明白了这个浅显的道理并付诸认真的实践，我们就离海里捞的成功不太远了。或者说，至少我们可以自信地说自己已经"走上了正道"。

7. 星巴克，或许你也学不会

海底捞，按照黄铁鹰的判断，"你学不会"！那么，与海底捞在精神上有着某种异曲同工之妙的星巴克，你能学会吗？由于美国企业相对而言比较成熟，其成功经验梳理得也比较清晰，或许，这会有利于中国企业家模仿、借鉴或复制、赶超？

我们最近一次"私人董事会"的活动主题便是"学习星巴克"。同学们被要求在会前通读星巴克董事长舒尔茨的自传《一路向前》。这本书记述了一个关于动荡、迷失、找回灵魂和重获新生的故事。工作劳累、应酬频繁的老板，有读书习惯的不多，可这次大家居然在会前都把这本书给读完了。原因何在？"一上手就放不下，真是欲罢不能！舒尔茨是公司创始人，我也是；他请了职业经理人来当 CEO，我也请了；他后来'重出江湖'，我也又成了 CEO。我一边看书，一边回想自己这些年来走过的路，不知不觉就把一本书看完了。"我们小组中一位平时表现特"牛"的老板如是说。

　　会议开始，不用动员，大家就争先恐后开始讲述自己的"读书心得"。因为都是公司一把手、创始人，所以不约而同，每个人谈的都是舒尔茨这个"洋老板"给我们"土老板"带来的震撼和启示。有人抓住了"灵魂"两字，谈激情，谈梦想；有人对"责任"和"使命"更有感触，说了不少企业家精神层面的问题；也有人特别赞赏舒尔茨对核心价值观的坚守，认为现在我们都被华尔街绑架了；更有的同学对照舒尔茨，检讨自己领导力的贫乏。同学们发言踊跃，我只需要做好"计时员"和"记次员"，力求不让少数人"垄断"会场，就被大家认为是"忠于职守"了。

　　三轮发言下来，感觉大家都过了"嘴瘾"，我便抛出自己"蓄谋已久"的问题："导致舒尔茨成功的最主要原因是什么？贯穿舒尔茨一系列成功经验的那根红线是什么？"我期望大家用一两句话或一两个词组甚至一两个字来回答问题。当场给出的答案很多，每个人又固执己见，30分钟后我不得不宣布休会，要求大家带着问题先吃午餐。

　　当天下午，我们请来了星巴克的一位副总裁。她演讲的重心放在"故事"上。一个个生动、具体的案例，一个个栩栩如生的细节，让我们对星巴克有了更形象的感知和更深刻的认识。可是，等她演讲结束，到了提问和解答环节时，我慢慢感觉有点不对劲了：怎么提问越来越靠近管理的细节和诀窍，越来越脱离我们之前研讨的范畴了呢？到后来，老板们干脆问起了星巴克员工的工资数目、绩效考核细则及裁员确切流程了。这是公司一把手最该关心的问题吗？这是星巴克最本质的东西吗？这是对我们好不容易请到的星巴克高管的宝贵时间的最好利用吗？我想站出来说两句，把大家提问的方向给扭一扭，但又怕干预过多，引起这些"牛老板"的不悦。头脑中"两个小人"争斗激烈，打得难分难解，还没等我"裁决"，不觉时间已到。我带着某种复杂的心情，宣布会议结束。

第二天上午，我播放了一段星巴克的视频。视频生动地记录了2008 年秋天星巴克在新奥尔良召开的那次具有历史意义的大会和相关的公益慈善活动。这让我们大家又激动起来，开始站在公司一把手的位置上，考虑坚守核心理念、系统变革转型等最高层面的问题。我适时向大家推荐了资深媒体人陈雪频的一篇文章——《寻找商业模式背后的价值观》，要求大家当场通读。陈雪频的文章观点鲜明、一针见血。他指出，一个受过良好商学院教育的职业人士，在面对一个商业计划时问的第一个问题，通常是"你的商业模式是什么"，可当你去了解那些伟大企业的历史时，往往会发现它们的创始人都没有读过 MBA，它们在初创时期也没有说得清楚的商业模式。导致那些公司能持续发展的关键因素，是创始人的使命感和价值观变成了整个企业的文化，变成了员工行动的准则。正是那些不变的理念和激情，而不是常变的战略和产品，造就了那些伟大的企业……看到老总们边阅读边点头，我感觉，到给昨天那两个"历史遗留问题"下结论的火候了。

长话短说，大伙儿最后同意，促成舒尔茨成功的主要原因，或曰贯穿舒尔茨一系列成功经验的那根红线，就一个字：情。多年来，星巴克"通过孕育人文精神来管理公司"，"emotional connection"（与员工、与客户的情感链接）是星巴克的本质特征。

实际上，往前推几千年，我们中华民族的老祖宗在当年造字时就意识到了这一点："情理""情理"，"情"在先，"理"在后。商学院的理论读多了，我们反而把这个最基本的道理给忘了。信念、使命、理想、价值观等属于情感系列的因素，毫无疑问是重于或先于模式、战略、流程、架构等理智系列的因素的。然而，我自问，"理"，能通过师傅传教、教师传授的方式习得，"情"，行吗？

下午，按照惯例，我们的小组活动进入了"案例讨论"阶段。与商学院的案例大多来自世界 500 强企业不同，我们的都是活生生的来自各位同学的案例：每个老板轮流介绍自己公司的历史和现状，提出自己面临的挑战和需要大家帮助解决的问题。这次有幸担任主角的，是一位专门从事服装零售业的老板——方萍。在 20 分钟的介绍中，她着重谈了自己的理想、观念和公司变革的着眼点：客户体验和员工感受。结束发言时，她提出了自己的困惑："我们公司现在的口号是'客户第一'，我是否应该把它改为'员工第一'？"

大家开始一一举手，向方萍发问（老板中"好为人师"者特多，故我们的"规矩"很严：大家第一步提问，第二步分析，第三步建议，"越位"是不允许的）。几个问题下来，我突然感觉又不对劲了：怎么我们的问题都集中在公司战略、扩张速度、信息系统和竞争对手方面，而很少有人去关注方萍"二次创业"的激情和她引以为豪的价值理念呢？到了"分析"阶段，不少人直言不讳地指出方萍的问题是个"伪问题"。然而，没有一个人去探索她在这样一个"不是问题的问题"上"纠缠不清"背后的真正原因。到了"建议"阶段，许多同学更是苦口婆心地劝告方董事长"改邪归正"，认真检讨自己的"商业模式"，不要一意孤行，否则将来后悔莫及。

两天的小组学习活动结束了，我个人的相关思考开始启动。一周后，我发了封邮件给我们"私人董事会"的所有成员："我个人从方萍的经营、管理实践中，看到了星巴克和海底捞的影子。'客户第一还是员工第一'，也许是个无聊的理论课题，但方萍在客户体验、员工感受方面的思索和努力，是否体现了她的追求和境界？然而，我们各位同学在提问、分析、建议这三个环节中，几乎把所有的注意力都放在了商业

模式上，放在了规模和利润上，有几个人赞赏了方萍的境界？有几个人
肯定了她的追求？我感觉，一讨论到具体、活生生的商业案例时，我们
这些企业家立马显出了'商业人士'的'本色'，刚学习、研究了一天
半的星巴克，一下就烟消云散了。一年前我们与张勇直接座谈后，立志
要向其学习的榜样海底捞，更是毫无踪影了。星巴克和海底捞，也许，
我们都学不会？！"（我的话，可能言重了。但我宁愿冒着得罪众人的风
险而言重，让老板们因此受到刺激而反思、警醒，也不愿为求得表面的
和谐而"言轻"，你好我好大家好，蜻蜓点水，隔靴搔痒。）

　　请让我与各位读者朋友再聊几句。舒尔茨虽然没有说得非常明确，
但实际上他早就预料到：星巴克，你学不会！为什么？因为星巴克的成
功秘诀太微妙了，微妙到用大白话直接告诉你，你都无法听懂的地步。
"emotional connection"（与员工、与客户的情感链接），按照舒尔茨的
说法，是"星巴克价值观的真正主张"，是星巴克文化的特质及其"最
原始且不可替代的无形资产"。但是，正如舒尔茨所言，没有几个商界
人士能真正理解并相信这一点，因为它太"subtle"（微妙）了，与流行
的商业实践相去太远了。于是，尽管舒尔茨一再"坦白交代"，"大多时
候，是我的直觉左右了公司的决策"，但我们还是埋头研究星巴克的竞
争战略并力求探明其实施方法；尽管舒尔茨一再强调员工与企业之间的
情感纽带的重要性，把"让我们的伙伴们感到自豪"作为其首要职责，
但我们还是热衷于"加强流程监控""降低薪酬成本"，以"股东价值最
大化"为天职。

给老板们的逆耳良言

忠言逆耳利于行，良药苦口利于病。**教练跟老板的关系，往往要在支持与挑战之间把握住一种平衡。**伟俊便是这么做的。

伟俊曾经调侃，老板们有三个"屁股"："老虎屁股摸不得""猴子屁股坐不住""大象屁股推不动"。但同时，他也非常清楚，"自己的屁股将永远坐在企业家一边，全心全意地为他们服务"。

伟俊做过职业经理人，当过一把手，成功与失败都经历过几轮，等到他选择做教练时，已到了知天命之年了。伟俊从一把手的位置上退下来，选择与更多的一把手在一起，他说自己已经想清楚了，他希望能够"影响有影响力的人"。

一句话：伟俊与他所服务的老板们既格格不入，又惺惺相惜。

说"格格不入"是因为，伟俊很清楚，"我是他们的教练"。比如，伟俊会在教练项目的合同里，把"项目目的""项目前提""项目手段""项目特点""争议解决"等问题都尽量说清楚，尤其要把许多"丑话"说在前面——

"对于任何一个成年人来说，了解自己、改变自己都是一个长期的、艰难的过程。由于中国民营企业一把手所处的'特殊地位'，这一过程往往更为艰难、曲折……在这一过程中，董事长既会体验到愉悦、兴奋，也会体验到郁闷、沮丧。董事长对教练的看法也会随着整个过程的进展有'高低起伏'：董事长可能会在一段时期内怀疑教练是否真能起什么作用，甚至会认为教练对自己或对公司的发展起了反作用并产生'开除'教练的冲动；而在另一时期内董事长可能又会感激教练对自己的帮助，责怪自己为什么不早一些就开始这一过程。"

说"惺惺相惜"是因为，伟俊也很明白，"我是他们的战友"。因此，伟俊发起的私董会小组中才会有许多暖心的内部原则，比如，"如果有组员上手术台，外面要有我们的两个人"。而每当有组员需要伟俊的时候，他也绝不含糊。

某一位组员，有一段时间内心很受困扰，甚至有一次在深夜给伟俊发来《撒切尔夫人凄凉的晚年》的文章。之后伟俊就在假期时，陪他在一个小岛上同吃同住了三天三夜，看了六部电影，上午一部，下午一部，晚上聊人生，帮他走向人生的豁达。

这样的事，不是每一位教练都能做到的。至少我不知道自己活到60多岁时，还会不会放下一切，愿意与企业家完成这样一场生命陪伴？

伟俊跟我谈到，他做教练多年，现在越来越不敢称自己是"教练"了，而是"陪练"；他这个私董会的"chairman"（可译为"主席""董事长"），现在也越来越不像"董事长"，而更像是个"董秘"；他以前也曾经不甘寂寞，敢为人先，现在则是越来越甘于寂寞，甘为人后。看来，伟俊是越来越不把自己当回事了。

　　伟俊说，自己干的其实是古罗马奴隶干的活。古罗马的将军从前线凯旋时，往往会站在高高的战车上，接受大路旁万民的景仰与欢呼。元老院担心将军得意忘形，便要安排一名奴隶在他的战车旁，喊出令人讨厌的话——

You are not a God（你不是神），

You are only a man（你只是人）。

1. 老板们的三个屁股

　　在日前举办的企业家"私人董事会"年会上，论坛主持人、中欧国际工商学院的肖知兴教授要求在台上就座的四位国际公司前中国区总裁、现私人董事会教练孙振耀、林正刚、辜思历、张伟俊议论一下他们亲身感受到的中国企业家在学习方面的特点。振耀、正刚和思历三位现身说法，高谈阔论，台下听众聚精会神，如痴如醉。等轮到我发言时，我脑子里不知怎么跳出了"企业家的屁股"的意象，我一口气连说了三个和"屁股"有关的话题。不少听众事后告诉我，我那不登大雅之堂的"屁股论"，还是挺有意思的。

"老虎屁股摸不得"

　　今天民营企业老板在自己的企业中的地位，往往与历史上的"帝王老子"无异。而帝王的"屁股"和老虎的屁股一样，一般是摸不得的。从古至今，凡是敢于摸帝王屁股的，基本都是掉脑袋的下场。之所以说"一般""基本"，就是偶尔也会有例外，如魏征作为专职的摸老虎屁股的"谏官"，据史书记载，居然能在众目睽睽之下，堂而皇之地"摸"了好几次唐太宗的"屁股"。有专家论证，"贞观之治"之所以能够成为中国历史上最为强盛的时期，和唐太宗允许甚至鼓励大家"摸"他的屁股，有相当重要的关系。

中国今天的民营企业老板，在过去短短的 20 年左右的时间中，在社会上经历了从被歧视、忽视到受重视、仰视的"乌鸦变凤凰"的过程。在这一过程中要保持"低调"，始终把自己视为凡人，很难。而在自己亲手开创的企业王国里，由于没有像跨国公司一把手头上的董事会，老板要不把自己视为无所不能的帝王，更难。做了帝王，能像李世民那样容忍甚至"怂恿"魏征的，百里挑一；做了老板，能真正听得进不同意见、闻过则喜的，同样，百里挑一。最近几年，在好几个以民营企业老板为主体的论坛上，我在粗略地回顾了魏征勇摸老虎屁股的简史之后，总是公开询问："在座的老板，凡身边有魏征式人物的，请举手。"举手者，从来没有超过与会人数的百分之一。

曾有"挑战者"反驳：你张伟俊"专职、全职为民营企业老板做魏征"已有 8 年之久，从来没有为"生意"犯过愁，这不证明了……？然而，我当年开始从事这一行当时，有可能是"中华人民共和国的唯一"；8 年之后，在中华人民共和国境内，今天我还是没有发现一位真正意义上的同行。为什么？还不是因为"老虎屁股摸不得"吗！

作为"摸老虎屁股"的专业工作者，我如今对"私人董事会"情有独钟。为何？在为老板一对一服务时，其屁股在什么场合摸，什么时候摸，摸的力度、频度等，都是需要反复斟酌、谨慎从事的。"伴君如伴虎"，更何况专职摸老虎屁股乎！于是，这些年来，我总是战战兢兢、如履薄冰，从这个意义上来说，日子过得"不爽"。可在私人董事会中，情况有了天壤之别。老板们人人都姓"牛"，个个是"老大"，谁也不用害怕谁，谁也不用顾忌谁。我只要稍稍"煽"一点"风"，"点"一把"火"，老虎们立即开始互摸屁股，并乐此不疲。由于大家"出身"

相同，背景相似，互相知根知底，很难隐藏什么，于是，这老虎屁股还摸得特别稳、准、狠。

"猴子屁股坐不住"

民营企业老板既是"老虎"，也是"猴子"，而"猴子屁股坐不住"，世人皆知。这二十来年中成长起来的民营企业老总，大多是"泥腿子"出身。促使他们当年创业成功的因素中，"胆"可能大大超过"识"。他们信仰"拼搏"，重视"实操"，特别愿意高呼的口号，不是"枪杆子里面出政权"，就是"实践是检验真理的唯一标准"。对于理论知识，他们往往从心眼里瞧不起，认为那"务虚"的玩意儿最多具有"装饰"或"壮胆"的作用。我认识的众多民营企业老板，不是已经读过EMBA，便是正在读或考虑要读EMBA。他们坦言，读EMBA，主要是看中它拓展人脉的功能，真正相信"知识就是力量"，因而去商学院潜心攻读的人，少而又少。如此，老板们去了商学院以后像猴子一样坐不住，是正常的；坐住了，倒奇了怪了。

我的针对民营企业老板的领导力教练项目，从某种意义上来说，是一种"后EMBA课程"，而要猴子屁股在这一过程中坐得住，同样不易。最让我恼火的，是有些老板手里的手机。老板手里的手机，让原本就坐不住的猴子更添"猴性"，想让老板在一对一的教练过程中静下心来"复盘"、反思，成了"猴子捞月亮"。

在私人董事会中，情况完全不同。老板们不但不惧怕互相"摸老虎屁股"，而且，还善于互相"驯猴"。由于对"猴性"知根知底，他们出招也"心狠手辣"：小组活动开始之前，让秘书用一个托盘，把大家的手机、电脑等"电子玩意儿"一概收走，毫无变通余地，绝不讨价还价。小组成员们还共同制定了对同学迟到、早退、会议中途随意进出等行为的惩罚措施：为全组同学吃饭买单。尽管作为"富人"，他们谁都不在乎支付那顿饭钱，但付了钱还要遭同学们调侃，这对大多数人来说还是具有相当的"杀鸡儆猴"的作用的。

说来有趣，这两年来，我们小组开会时总会有人站着；尤其到了下午，站着甚至是踱着方步开会的人有时还会超过半数。这时若有外人进来，肯定会对我们的"会风"产生负面印象。可实际上，这是我们"有私人董事会特色"的妙招：为了让学员"在心理上坐得住"，我们鼓励大家"在物理上站起来"。对于我们这些大多不是患有"小儿多动症"，就是患有"睡眠缺乏症"，或两者兼而有之的"猴儿们"来说，站着、动着时的学习效果往往比"正襟危坐"时好得多。

"大象屁股推不动"

在谈论各种"总裁班"与 EMBA 的效果时，常听到一句老掉牙的顺口溜："听听激动，想想感动，回去一动不动。"为何这几乎是"放之四海而皆准"的普遍现象？因为老总们往往既是老虎、猴子，又是大象，而大象那又大又沉的屁股对于教授或培训师而言，确实难推。

在私人董事会中，我们借助"同伴压力"（peer pressure）来推"大象屁股"。我们的"标准流程"是这样的：先由每名同学提出一个他感觉困惑或困难的、真实的、"现在进行时"的课题，然后大家通过投票方式选择其中的一个，在详尽了解"内情"、层层剖析"内因"的基础上，大家再为"课题拥有者"答疑、解惑、传道、支招，最后，该同学"坦白"他在那两三个小时中"受围攻""被肢解"的感受、心得，承诺回去后要采取的行动步骤和时间节点。闭会期间，作为私人董事会的"代表"，我会时不时地去电话"骚扰"他，让他别忘了对大伙的承诺。下一次小组会议的第一个议程，就是让他汇报他的"落地"举措和效果，并接受大家进一步的质疑或建议。可以想象，猴儿们的屁股一旦坐定，个个又对摸老虎屁股爱不释手，你这时若想再含糊其词、蒙混过关，可就难喽。大象的屁股，就这样被推动了。

至于我自己的"屁股"，在那次有上百人的私人董事会年会上，我坚定地表示，将永远坐在企业家一边，全心全意地为他们服务。

2. 老板能力差，企业多元化

按照 8 年来的"惯例"，接手一家企业的"老大"作为服务对象后，我的第一件事，便是去观察他的高层月度或季度例会（要想真实和快速地了解一位老板的特点和一家公司的文化，没有比旁听他主持的会议更有效的手段了）。

此刻，尽管是第一次参会，我看到的情景却再熟悉不过：黑压压的一桌高管，正襟危坐，但透过其脸部表情，你可以发现大家都心不在焉，"身在曹营心在汉"或许是对他们最好的描述。整个会议中真正"上心"的，自始至终只有三个人：发言者、记录者和老板。为什么？因为你讲的我听不懂，我讲的又和他没关系。为什么？都是"多元化"惹的祸！尽管处于珠三角的这家集团公司去年销售额还不到 80 亿元，却已经横跨了家电、能源、房地产、投资等好几个领域，互相之间毫无关联，高管们感觉"隔行如隔山"。

会后与老板私下沟通时，我单刀直入："你一定注意到，80% 以上的会议时间里，80% 以上的高管都在走神。这样的会，为什么还要开？"

"不定期开这样的会，各下属企业的高管怎么能感觉到他们都属于这家公司？"老板的回答倒也干脆。

我追问："既然同属一家公司，为什么他们各自负责的业务竟然如此互不相关？"结果，老板一时语塞……

长话短说，两个小时交谈下来，我意识到，这家多元化的公司只不过是无数家中国企业中的"又一个"。要是你问我中国企业搞多元化的为什么那么多，我的回答只一句话：老板能力差，企业才多元化！

首先，老板抵御诱惑的能力差。改革开放以来中国企业周围的各种商业机会之多，可谓举世无双。风景旖旎，秀色可餐。日本著名管理学家大前研一多年前在对中国沿海地区考察后就曾说过："我对中国企业家唯一的担心不是机会缺乏，而是机会太多。"经不住市场机会诱惑的企业家们这些年纷纷陷入多元化的圈套，在多元化得手后洋洋自得、没有多久就被市场大潮无情吞噬的案例举不胜举。众多已经消亡和正在逐渐衰落的企业其实并不是被外界逼死的，而是被形形色色的诱惑戕害的。换句话说，上规模的企业中，很少有被饿死的，大多是被撑死的。

早期案例中最有名的莫过于史玉柱。当年的"巨人"史玉柱，满怀雄心壮志，从巨人汉卡开始，迅速发展到巨人电脑、财务软件、生物工程等，甚至还涉足服装和化妆品。最后，为了建成中国第一高楼，为所在城市争光，惨败在巨人大厦这栋中国最出名的烂尾楼上。

最好的对比，则是同期的王石。王石从做饲料起家，之后逐渐涉足零售、广告、货运甚至家电、影视等10多个行业，被人称为"金手指"，那意思就是王石能够点石成金，做什么都赚钱。难能可贵的是，王石并没有被短暂的成功冲昏头脑，他从国外企业的发展趋势上预见万科多元化的潜在危险，坚持不懈地做了8年"减法"，直至最后把除了房地产以外的所有行业都砍掉了。回首往事，王石认为"金手指"固然风光，但要想让企业变得最大最强，则必须抵御诱惑，忍痛"断臂"，走专业化之路。

在当今的商业环境里，商机是触动企业家们最敏感神经的那根弦。他们如果发现市场上有商机而不去把它抓来放在自己手里，心里往往就如同被猫抓一般的难受。从这个意义上来说，企业家都是"贪婪"的。我的一位服务对象，就曾经当着我的面大声责怪他的众多高管："现在中国遍地都是黄金，为什么你们就不动心，就不去捡呢？！"（他后来悄悄地接受了我的建议，把"遍地的黄金"改成"满江的河豚鱼"了。）

对今天的老板们来说，投机似乎比投资容易，做一个"再干点什么"的决定，也远比做一个"砍掉点什么"的决定容易。只要看看身边有多少企业前几年进入了房地产，多少企业这几年从事了私募、风投，你就明白中国企业家周围的诱惑有多大，而他们抵御诱惑的本领有多弱了。

仔细考察下来，为了企业的基业长青和可持续发展，能自觉克服"贪婪天性"、坚决抵制各种诱惑、聚精会神专注于打造自己企业核心竞争力的企业家，还真是不多。实际上很多时候，一家企业的持续发展还真不是由于"全军将士浴血拼搏"所致，而是抵制诱惑、控制风险的结果。

其次，老板市场研究的能力差。更确切点说，应该是老板市场研究的意识差。若仅仅是这方面的能力差，还可以通过人才猎取、"外脑"借用或信息购买等手段来弥补，但意识差，就麻烦了。多元化的老板，往往想当然地认为，各行各业都一样，各地各国也一样。我在这一行、这一地区成功了，那在其他行当、其他地区自然也应该成功。他们鲜有市场研究的意识，只信自己的"市场嗅觉"。

我的一位新客户，十年前曾准备通过兼并购买的方式，进入一个异地的新行业。他当时聘请的几位"外脑"，分别从战略、财务和人力资源的角度，不是劝他"慎重"，就是叫他"住手"。可人们很快发现，这些被请来做市场调研和尽职调查的专业人员，原来只是起装饰作用的，老板真正相信的，只是自己"非凡的直觉"和"钢铁的意志"。结果，新组成的杂牌部队很快就溃不成军，历经十年才勉强恢复元气。

最后，也是最重要的，老板自我认知的能力差。由于一时一事的成功，很多老板就忘了自己有几斤几两，以为大千世界中，没有自己不能做的事。此时，企业走多元化之路，似乎就是一件自然而又合理的事了。

回到史玉柱，在重起炉灶后，他变成了江湖上"最胆小的资本家"，同一时间，只敢做一件事。"专注莫如史玉柱"，他的专注最后让他获得了最好的回报：脑白金和黄金搭档包揽了当时国内保健品销售额的前两名，对银行的投资获利上百亿元，《征途》则成为中国当时盈利最好的网络游戏产品。他前几年说过的一段话很有意思："其实我很佩服陈天桥能同时掌控那么多产品，他是个天才。可是我经历了那么沉痛的多元化惨败，只能聚焦再聚焦了，这样的话失败的概率就会低，这是我的原则。"看来，专业化还是多元化，表面上是战略之争，背后更深刻的，可能还反映了企业一把手对自己能力的自我认知。

再以王石为例。这些年因为工作之便，我得以有机会近距离观察他。我发现王石比我了解的其他所有企业家都自信和坚定，就像他给中国移动做过的那个广告，简单明了两个字："我能！"然而，万科之所以选择专业化而放弃多元化，是因为王石清醒地意识到自己和万科并非无所不能，而是能力有限。只有把有限的能力专注地投入某一项事业之中时，企业才有持续发展并最终成功的可能。基于这样的认识，王石曾半开玩笑地宣称：世界上最后一栋房子一定是万科造的。最近，据他自己所说，他已经不止一次地告诫万科管理团队，一定要坚持走专业化之路，假如他们今后要搞多元化，他会从棺材里伸出手来干扰他们。

我最近为美的的高管团队服务，在与方洪波谈话时发现，美的差不多在同一时期，也曾受到过多元化的诱惑。好在以何享健为首的美的团队迅速意识到了自己的能力极限，及时做了战略调整，才没有掉进多元化的陷阱而不能自拔。而今天美的的变革与转型，方向明确、步调一致，是建立在对自己的优势和弱势的清晰分析的基础上的。

另外，还要补充一句。因为老板的能力强而导致企业多元化的案例，理论上应该有。可能是孤陋寡闻或是运气不好，我在 8 年的"总裁教练"实践中，还没有"零距离接触"过这样的老板，因而不敢妄加评论。

3. 不愿过劳死，厘清怎么活

这些年来，有关"过劳死"的报道不绝于耳，听得有点麻木了。然而，当一个与我"同窗"数年、情投意合的企业家突然因为过劳而离去的消息传来时，我还是受到了刺激，悲痛不已。

日前，我任教练的那个企业家小组，准备为小组的一位成员设"庆功酒"。他是某公司的董事长，辛苦打拼了十多年，企业终于上了市。谁料想在小组活动的前一天，我们的这位同学因为劳累过度，心肌梗死，来不及留下一句话，就撒手人寰了，年仅 49 岁。

再难以接受的现实，还是得面对。与会的十多位企业家，在垂泪默哀之后，开始反思、探讨：如果我们不愿很快步这位同学的后尘的话，我们究竟应该怎么活下去？我们这个小组的企业家，无论在创业背景、企业状况，还是敬业程度、管理风格等各个方面，都与这位离我们而去的成员有很大的相似性。我们究竟应该从他身上吸取怎样的教训？

生理

《中国企业家》杂志前几年针对中国企业家阶层做过一次"工作、健康及快乐调查"。结果显示，超过 90% 的企业家处于不同程度的"过劳"状态，健康已被严重透支。而所谓"过劳死"，在医学上被称为"慢性疲劳综合征"，属于超负荷工作导致的过度劳累所诱发的未老先衰、突然死亡的生命现象。从医学角度看，"过劳死"与普通的猝死没有显著不同，但值得注意的特点是其隐蔽性较强，一般没有明显的预兆。据此，我近来常问我的服务对象："知道自己将要猝死的人会猝死吗？"结论自然是不言而喻的。

日本的过劳死预防协会曾经总结过劳死的十大预警信号：肥胖，脱发，记忆力减退，注意力不集中，性能力下降，小便次数频繁，心算能力越来越差，难以控制自己的负面情绪，睡眠质量下降，时常有头疼、耳鸣、烦躁等躯体反应等。小组会上的粗略统计发现，同学们身上已经多少有了这些症状，而且所谓"三高"（血压高、血脂高、血糖高）在老板群体中似乎已经成为"常态"。有小组成员指出，中国人的平均寿命现在已经超过了 70 岁，而这几年因病早逝的数十位企业界知名人士平均年龄才只有 48 岁。"我们属于高危人群，'过劳死'已经向我们吹起了'集结号'"的共识，令老板们幡然猛醒、"人人自危"。

按照惯例，每次小组聚餐时，我们都要议论一个与我们大家工作或生活密切相关但又不那么严肃的课题，而每次的课题，都是在几个建议中通过当场投票的方式确定的。当晚我们选择的议题，是"个人兴趣爱好"。交流下来，发现各人兴趣爱好有很大的不同，其中有收藏字画、奇石的，有听音乐、看话剧的，更有泡吧、潜泳、购物，甚至"发呆"的。小结发现，个人兴趣爱好能有效减轻工作压力，改善生活质量。然而，我们给予自己兴趣爱好的时间偏少了，以至于这些兴趣爱好没有充分发挥其对身心健康应有的积极作用。

管理

为什么企业家往往没有足够的时间来满足自己的兴趣爱好？为什么他们的生理疾病如此令人触目惊心？其实，在相当程度上，这与其在企业管理方面的问题是密切相关的。

这一代企业家基本上都是白手创业的，"冲杀""打拼""竞争""辛劳"等特点，似乎成了他们与生俱来的"名片"。他们包揽一切、承担一切；"掌控"，是他们最喜欢用的字眼。然而，在牢牢掌控着企业生死存亡的绝对权力的同时，他们也独自承受着企业发展的所有压力和风险。我所熟知的不少企业家，尽管念了不止一个 EMBA，但还是没有明确的依靠制度、按照流程从事企业管理的意识。所谓"授权"，也往往只是停留在口头上。以"标准的"月度或季度的"公司经营会议"为例，根据我的现场观察，自始至终参会、保持相当注意力的，往往只有 3 人：老板、记录员和汇报人（自然，汇报人是一一轮流担任的），其余的与会者不是在发短信、写邮件，便是在交头接耳开小会，或打呵欠，连天做白日梦（脸部表情一目了然）。我在会后的总体印象往往是：公司里只有老板一人决策，底下全体"执行"。而所谓的"决策流程""管理体系"等，往往都是唬人的把戏。一个原定于下午 5 点结束的高管会议开到晚上 8 点还在继续，属于家常便饭。

记得某次有个公司的高管会议，甚至开到了午夜 12 点还没有结束的兆头。当时，除了我这个"旁观者"，竟然没有任何人觉得奇怪。有意思的是，老板此时给我发了个短信："张教练，我们的会议可能会开到很晚，您不妨先去酒店休息。"天哪！这 12 点还不算晚，何时为晚？为了表现我这个"总裁教练"也能够与大伙"同甘苦、共患难"，我坚持到会议结束才离开会场，此时时钟已经指向凌晨 2 点。为什么会议非要开到这个时辰？因为公司里的所有人，不管职务高低，从某种意义上来说都只可"点逗号"，能"画句号"的只有老板一人。老板又是个典型的"掌控狂"（control freak）和完美主义者，这样，高管会议开到半夜三更，也就不足为奇了。难怪员工戏称该企业家为"夜总会老板"！

如此，一个长着三头六臂、几乎无所不能的企业家，往往会把企业在管理制度、流程、体系及文化上的缺陷都掩盖了。但是，这种"好景"是注定长不了的。日子久了，不是日益变大的公司与老板的"个性化管理"产生难以调和的冲突，便是老板本人心力交瘁，难以招架，甚至"光荣献身"。

心理

创业初期，"总共只有十几个人，七八条枪"，老板事无巨细、大包大揽，是可以理解的，甚至是必需的。然而，现在公司年产值都几个亿、几十个亿甚至上百亿了，能干的经营管理专业人才也有几十甚至上百了，为什么我们的创业老板还是一如既往地亲力亲为？其实，按照现代企业制度的要求，许多企业家已经把总经理或 CEO 的席位让了出来，并明确宣布自己要做"名副其实"的董事长，可是，又有几个民营企业的总经理，在董事长年富力强的今天，体尝过担任企业日常经营管理"一把手"的感觉？（这话听起来也许有点令人费解。我的意思是，今天有多少个民营企业总经理体验过类似万科郁亮和联想杨元庆的那种做总经理的感觉？）难道是命中注定，做老板就非得老处在"箭在弦上"的忙碌之中，就非得整日与紧张、压力打交道，而与轻松恬然的状态势不两立？

医学界的一些研究发现，那些"工作狂"们，似乎对肾上腺素有着特殊的需要。他们总是刻意寻求一些具有高难度、高挑战性的事情来做，使得自己的肾上腺素能保持在一个较高的水平。而过劳死的罪魁祸首，就是这肾上腺素！肾上腺素是一种压力荷尔蒙，在紧急情况下才会分泌，它使人心跳加快、血压上升。然而，如果这种紧张状态持续数周、数月甚至数年，持久的压力会破坏人体自然的生理规律和节奏，导致老化加速、器官衰竭，引发心血管、血压等方面的疾病，弱化人体的免疫系统。这就像一个经常遭受高压的弹簧，因过度疲劳而发生不可逆转的永久变形。

进一步研究，为什么那么多企业家在身体状况已经向其发出警告之后，还是照样我行我素，对"肾上腺素"如此情有独钟，对"亲力亲为"那么欲罢不能？可能的回答也许只有一个：内驱力使然！我们的企业家是"真心英雄"，以自己坚强的意志、坚忍的毅力，"把握着生命里的每一分钟，全力以赴心中的梦"。在他的企业王国里，他以为自己支配着所有的人、一切的事。可实际上，他是被自己以"成就"为核心的内驱力或曰成就动机绑架了。内驱力像价值观念、性格特征等心理因素一样，具有影响、支配人的行为的力量。而且，由于它处在"冰山"的底层，对人的行为的影响更为深刻、更为持久，同时也更为隐蔽。按照动机心理学权威戴维·麦克利兰的理论，人的内驱力或曰社会动机可以分为三类——成就动机、影响动机和亲和动机，而创业成功者往往成就动机特别强烈。在这一动机的驱使下，他们争强好胜、勇挑重担，自然创业容易成功。但企业规模扩大、人才开始集聚以后，他们还是一如既往地亲力亲为，不自己动手就心里不爽，下属就缺乏发挥主观能动性和创造精神的空间，最后优秀的下属纷纷出走，留下的都是相对平庸的员工。怪不得我们在中国的民营企业里见到的，往往都是"一头狮子带着一群羊"的情况！毋庸赘言，羊的战斗力是远不如"虎"和"狼"的，狮子因此要劳累得多。可是，这又能怪谁呢？

老板们的成就动机，既是他们开创一番事业的"关键成功因素"，也是阻碍他们获取更大成功的"隐性失败因素"。正所谓"what got you here，won't get you there"⊖（过去成就了你的东西，不会成就你的未来）。看来，真正关爱自己的企业家，还需要从心理乃至无意识层面对自己施行"再教育"：在勒住自己的成就动机的同时，有意识地培养和发展与影响动机、亲和动机有关的领导行为。

伦理

我以为，上述企业家"累死自己，闷死别人"⊖的毛病，还具有伦理学上的意义。

首先，企业家的生命仅仅是属于他自己的吗？不！从某种意义上说，他同时属于他的父母、配偶和子女。他因为过劳而中年丧命，让他的父母"白发人送黑发人"，这是何等的残忍？他给配偶和子女带来的创伤，又需要多少岁月才能抚平？

伴随着董事长"过劳"的，往往是下属应有的决策权力被剥夺，犯错误亦即从错误中学习的机会被剥夺，以及相应的发展机会被剥夺。这，难道是道德的吗？试想，要是王石和柳传志不做"甩手掌柜"而是做"过劳英雄"的话，以郁亮为首的万科高管团队和以杨元庆为首的联想高管团队能有今天的能力和面貌吗？

⊖ 马歇尔·戈德史密斯（Marshall Goldsmith）语。
⊖ 思科中国区前总裁林正刚语。

小组活动结束时，大家的共识是：企业家，因为有更多的欲望和理想，也同时承担着更多的责任和压力，我们实际上比普通人要脆弱得多。如果我们不愿过劳死，就应花点时间来厘清自己该怎么活。

因势利导，我邀请每位成员给自己撰写一个"墓志铭"并相互交流。在这儿，我冒昧摘录几句："今生比前生进步了一点，来生继续做人""一个有追求的人""多一份爱，我闭上了眼睛还能看到这个世界的精彩""心地善良"。我自己的墓志铭则是："据说，一些颇有建树的企业领导人受到过他的影响。"

4. 老板，凭什么让我对你"忠"

几年前，一位身价百亿元的民营企业老总让我帮助其确立企业管理人员的选拔和培养标准，即建立所谓的"胜任力模型"。这是我当管理咨询顾问时的"拿手好戏"，但我早已洗手不干了，可人情难却，不得已，"客串"了一回。名义上由我领衔的咨询团队与客户配合良好，整个建模过程一帆风顺，不到三个月，大功告成。可没料到，在"汇报演出"时，老板突然提出，要把"忠诚"作为一项头等重要的标准，加入这个管理人才的标准体系中去。

"现在的人太不讲忠诚了，动不动就跳槽，忘恩负义……"从企业老板的角度出发，我当然理解这位老总为什么会对跳槽如此不感冒，为什么对下属的忠诚如此向往。但是，对于选人、用人和育人的标准而言，如今世上有没有他所说的"忠诚"这一单纯的品质？这似乎要打一个大问号。

"老板，这个问题很有学术探讨价值。您看 20 世纪八九十年代，很多学生去欧美念书后就留在那里不回来了，当时大家都怪他们对国家不忠；然而 21 世纪初，这些人又不请自来，大批大批地回归了，您知道，现在很多'海龟'都成'海带'[⊖]了。您是否认为这些人现在都'改邪归正'、精忠报国了呢？"看到老板脸上出现了困惑的神情，而与会高管们又露出了难以察觉的、意味深长的笑容，我越发起劲了："也许，那种纯粹的、不受天时地利条件影响的'忠诚'是不存在的。古人就有'南橘北枳'一说，意思是淮南的橘树移植到淮河以北就变为枳树了。环境变了，事物的性质也会跟着变……"

就这样，当着十多位高管的面，我向老板"叫板"了半小时。终于，老板"龙颜"挂不住了，他一拍桌子，宣布了"学术探讨"的终结："反正，我就是喜欢忠诚的人，你们就按照这个精神去操作吧！"

在职场里混了这么多年，我知道，作为咨询顾问，此刻除了表现"忠诚"，我已经不可能再有其他作为了："好吧，我们尽力而为。"

两星期后，最终的咨询成果中多出了一个"忠诚标准"：管理人员需要"忠于岗位、忠于企业"。在具体要求中，我们罗列了"遵守纪律，服从上级""抵制猎头诱惑，不为其他公司优厚待遇所动""即使企业对自己不公，也能够坦然接受并坚持维护企业利益，为企业尽心尽力"等细则。老板满意了，公司付款了，我却久久不能释怀。

两个月前，我的一位教练对象又与我谈起"忠诚"这一课题。他说，他要在公司中建立一种忠诚文化，希望我助他一臂之力。这下，我几年的"郁闷"有了释放的机会，顿时"斗志昂扬"起来："老板，什么叫'忠诚'？请先下个定义。"

老板一下傻了眼。

⊖ 归国留学人员暂时待业者。

"让我们把'忠诚'这两个字分拆了，你就会觉得容易些。先说'诚'吧，它是什么意思？"

"不说谎，讲真话，说到做到。"

"好极了。那不就是'诚信'的意思？我们干吗不用这个大家都能接受的概念呢？再说'忠'吧，什么意思？"

老板开始支支吾吾，老半天说不到点子上来。

"我来代你说吧，不就是'服从命令听指挥，我说咋办就咋办'吗？"

老板想了想："好像是，但这好像又有些问题。"

感受到老板的悟性，我决定刺激他一下："是啊。你前两次决策失误、盲目扩张时，要是你的下属们不那么'忠'，敢于与你唱反调的话，你那两局可能就不会输得那么惨了。"

老板若有所思："那些能让我看得上眼的人，往往比较有自己的想法，但倔头倔脑的，不好用，而那些听话的，往往又不那么中用。"

"是啊，鱼与熊掌，不可兼得。"看到老板顺着我竖的杆子往上爬，我便开始"说教"了："'忠'，也有不同类型，您需要选择。第一种'忠'是绝对的忠，只要是老板你说的，一律正确，一概执行；理解的执行，不理解的也执行。第二种'忠'具有相对性，这种'忠臣'会思考，有主见。他服从真理，不盲从老板。他会站在公司即老板利益的立场上，质疑老板，向老板挑战。当然，要是你做得太不像话，他也会用脚投票。仔细想想，你要哪一种'忠'？"

一小时的交流之后，老板明确表示，要开始在公司里宣传、发扬"第二种忠诚"。

对于忠诚的误读，主要在"忠"字上。在总结了先秦、两汉文化精粹的《说文解字》中，对忠的解释为"忠，敬也，尽心曰忠"。古以不懈于心为敬，即竭诚尽责就是忠的表现；而"忠"字在构造上也有"存心居中，正直不偏"的含义，所以忠又为正直之德。可见，对"忠"最早的判断参照物，是普遍的道德标准，是一个伦理概念。

在此之前，董仲舒把儒家的伦理思想概括为"三纲五常"；之后的历朝历代又逐渐把"忠"由原来儒家的伦理范畴演变成为重要的政治道德范畴，并将其含义主要指向君主。这样"忠"便有了主要的体现对象，形成了所谓"君要臣死，臣不得不死"的愚忠。

同理，在企业之内，照道理上说，也还是要尽忠。但忠于岗位、忠于企业、忠于事业，比较为一人效忠要高尚得多。面对愈演愈烈的"人才战争"，老板或许只有回归"忠"的本义、塑造倡导正直之德的"忠"的文化，才有可能吸引大量一流人才为其企业尽力。

或许，正是由于人们对"忠"的本义的曲解，如今但凡有点个性的年轻人，对"忠诚"这个字眼都颇为反感。老板你越强调忠诚，你的优秀人才离你的心理距离就越远。从这个意义上说，"忠诚"两字说得越多，实际的效果反而越差。

不久前，我在中部地区访谈了一位年轻的总经理。两年来，他雷厉风行、大刀阔斧的改革为公司带来了翻天覆地的变化，赢得了投资者和员工的一片喝彩声。坐在他的车里，发现车座旁有根棒球棒，我感到奇怪："你打棒球？""不，防身用的。""为什么？"被逼无奈，他向我讲述了自己如何冒着生命危险，与各种邪恶势力、贪污盗窃分子做斗争的经历，跌宕起伏，凶猛险恶。

"老板离你 1500 公里，又难得来一趟，干吗对他如此忠诚？"

"他从来没有要求过忠诚。只是他对我如此信任，我觉得应该对他给我的这个岗位负责。"对方回答。

5. 老板，你真的会听人说话吗

　　我接触过的老总们大多数都很会说话。但是，他们几乎全然不知自己不会听人说话，而且，对不会听人说话带来的问题的严重性也懵然不知。

　　几个月前，我去旁听一位我的教练对象主持的董事会。会议从上午 9 点开始。不到两小时，我已做出初步结论：这些能说会道的董事中很少有会听人说话的，其中我的教练对象戴董事长的问题尤其严重。他颇有肚量，每件事都让大家先发表意见，然后由他做小结并提出解决方案。但是，他提出的方案都碰到了"软钉子"：没人明显反对，也没人明确赞同。于是，最后的决策就像难产的婴儿，千辛万苦出不来。在我看来，问题的关键原因是戴董事长根本不会听人说话。

　　这个董事会的人说话都比较婉转、隐晦，而戴董坐在那儿一会儿接手机，一会儿发短信，脸上一副似听非听的神情，那些委婉的事情，他大都没有真正听懂。如此，他提出的方案不能反映大家的真实看法，自然就得不到大家的真心赞同了。当然，董事们又要顾及老板的面子，说话转弯抹角，不直接、不明确地表态，于是，会议变得没完没了。

　　午饭被拖到了下午一点之后。下午两点会议继续。戴董让我先发表意见。作为其个人教练，按理我是不在董事会上公开自己的看法的，但此时我却即兴决定"苟同"戴董，"违规"一次，"助产"一把："你们讨论的具体内容我不懂，因而也不做评论，但我可以向你们展示一点别的东西。"

　　我请一位与会的董事——黄董，把他上午说了半个多小时的话提炼一下，用两三分钟时间再概括地表述一次，然后要求戴董事长用半分钟时间展示一下他对黄董的表述的理解。我强调，此时我们只要理解，不要评判。戴董事长表达了他的理解后，我问黄董："戴董事长听懂你的话了吗？"黄董苦笑："没有。"我请黄董耐心地再重复一遍他刚才说的话，突出那些戴董事长没有听懂的部分，然后请戴董事长再次展示自己对黄董的表述的理解。这回黄董说戴董事长大概听懂了70%。

接下来，我让另一位董事——蔡董，如法炮制。蔡董的话里"抨击"的成分不少，人人都明显感觉到戴董事长"龙颜不悦"。呵呵，有戏了。在戴董事长展示了他对蔡董的理解后，我请蔡董"看在公司的分上"，务必给予真实反馈。他说："戴董事长不但没听懂我的主要意思，而且话里还有对我的不满情绪，让我很不是滋味。"戴董事长正要辩解，我马上阻止："戴董事长，现在我们只求理解，不求对错。此刻，请你仅仅展示你的倾听能力。"无奈，戴董事长只好压着性子，重听了一遍蔡董的阐述，并再次展示了自己的理解。这次，蔡董说戴董事长听懂了他的意思的百分之六七十，但又称："戴董事长在字里行间表现出来的对我的观点的负面评价，我是敏感的。"

乘胜追击，我接着让董事们按照刚才的模式，两两结成对子，一个用两三分钟时间阐明自己上午提出过的观点，另一个仅仅表达理解，不做任何评判。结果让他们自己大吃一惊：居然没有人在理解的准确度上能够超过70%。有了这个基础，我便得寸进尺："各位有没有想过，那没有听明白的百分之三五十可能会是些什么内容呢？也许是你不以为然的内容，也许是你一知半解的，还有可能是逆耳的忠言。今天是'倾听考试'，你们全神贯注力求达标的结果况且如此，换作平时，你们可能连50%都达不到。在没有听懂对方的话的情况下你们做出的回应和决断的质量如何，我就不用说了吧？"

从众董事的眼神中，我知道自己把他们"搞定"了。于是乘势建议他们"从我做起，从现在做起"，在与他人对话时或开会中，逐渐养成一个习惯，即在表述自己的观点或试图说服对方之前，一定首先力图理解对方的意思，在明确自己确实听懂了他人的话的基础上再提出自己的看法。

那次董事会后不久，戴董事长要求我为其公司所有中高层管理人员做一整天的培训，"钦点"的题目就是"如何听人说话"。我心里明白，这样的培训课题对那些久经沙场、自以为是的中高管是没有吸引力的。按照惯例，他们一定会以各种各样的借口逃避出席，可这次因为戴董事长亲自压阵，明令任何人不得以任何理由请假，他们才心不甘情不愿地坐到了培训课堂上。

培训开始，我首先发问："一个优秀的领导者应该是对他人富有影响力的人，对吗？""对！"课堂上大家没有任何异议。"一般说来，这种对他人的影响力是建立在对他人的理解之上的，对吗？""对！"大家又是异口同声。"凡认为自己是一个善解人意的人，请举手。"与会者中90%以上的人举起了手。看到大家开始"上套"，我暗自高兴。"好，太好了，那我就出个题目，帮大家检测一下自己善解人意的程度。"

"你们公司的××产品号称中国领先，可我用下来感觉完全不是那么回事儿，而且我周围用过你们产品的人都有同感。我以为，你们忽悠的本事倒是全国数一不数二的。"

看到我一本正经的样子，学员们顿时严肃起来了："您能肯定您用的是我们公司的产品而不是冒牌货吗""我负责客户服务工作已经两年多了，还是第一次听到有人这样评论我们的产品。请问张老师，您在使用我们的产品前阅读过产品使用说明书吗""我可以负责任地告诉您，尽管我们的产品不是完美无缺，但我们绝对是行业领先，这不是忽悠，我们有官方统计数据可以证明"……我乐了："各位，你们向我，也向你们的老板和同事证明了，你们是捍卫公司名誉的坚强斗士。但是，你们在客户面前表现出了一点善解人意的品质吗？"

感受到他们的挫败感，我安慰道："我们不讨论与公司有关的事宜吧。现在假设我们是纯粹的朋友关系。我告诉你：为什么我所有的朋友都在同一件事上运气好，偏偏只有我运气差，唉，我现在可真是见人矮三分哪！"看到我满脸愁容、捶胸顿足的样子，学员们的安慰声此起彼伏。我又乐了："各位，谢谢你们对我的同情、劝慰和你们给我支的招儿。但是，理解体现在哪儿？这是善解人意的最佳表现吗？"

看到大伙儿都掉到我精心设计的"陷阱"里去了，我知道，真正意义上的"培训"可以开始了。于是，我开始讲解什么叫"倾听"，为什么管理人员要学习如何听人说话，倾听、理解与企业业绩之间的关联等。在他们认真倾听了我长时间的理论阐述后，我又向他们展示了我在Hay（合益）集团全球定义的基础上对倾听能力的分级说明。

- 层级 1：对语言的初步理解能力。
- 层级 2：对情感的基本识别能力。
- 层级 3：对意义的深入理解能力。
- 层级 4：对背景的综合理解能力。

学员们以四个层级为标准，小组演练，大组示范，结对巩固，足足"折腾"了两个多小时，大家才感觉到对"倾听"真有"感觉"了。结束时，大家为一天的收获热烈鼓掌。

一个月后，戴董事长邀请我去观摩他组织的一个部门协作会议。他在会上要求各部门把那些平时协商解决不了的老大难问题逐个摆到桌面上来讨论，要当着大伙的面把部门间矛盾的原因搞清楚并力求现场解决。各部门响应老大号召，人人争先恐后地发言、对质，不多久，好几个人就已经争得脸红脖子粗了。

令我都没有意料到，一直在旁边冷眼"观战"的戴董事长此时慢吞吞地发话了："一个月前我的教练教你们的倾听本事，都搁哪儿去了？你们年纪都比我轻，不会这么健忘吧？刚才的那几个案例，都给我从头来过！每个人一定要先表达对对方的理解，在得到对方对自己的理解的肯定后，才能做解释、说明、辩护、反驳等。无论如何，一定先提供理解，这要成为我们公司各级管理人员的一个'规定动作'。"

老板此话一出，各部门的大佬没辙，除了依葫芦画瓢，别无他法。但有意思的现象随之发生了：一些部门间看似难以调和的矛盾，在大家力求从对方的角度出发去设身处地地理解后，解决矛盾的线索自然而然地呈现出来了。

6. "甩锅能手"何时反躬自问

眼下中国某个知名私人董事会组织机构的标识是一位身着汉服的古人在射箭的图像。我曾经随机问过多位企业家："一家为企业家提供教练服务的公司，放这么一个图像作为公司标识，什么意思？"几乎没有人答得上来。

几个月前，在该机构上海大本营活动开场时，映入大家眼帘的竟然是那幅图像的"复活"：身着汉服的武士，在音乐和灯光的配合下，背负长弓上台，搭箭，瞄准，精确地射中了置于舞台另一端的麋鹿（标本）的头部。顿时，全场掌声雷动。据说大家事后对这一"开幕式"印象深刻。

我突发奇想，武士当时那一箭要是没有射中，会怎么样？甚至，要是我们事先设计有意让那位武士连射三箭，箭箭脱靶，又将如何？以我的了解，此时坐在台下的观众一定会大声起哄、喧闹不已。

允许我在此做个"事后诸葛亮"：大会主持人这时不妨上台询问武士其失利原因。按照事先设计好的台词，武士可以怪他手中的弓不够好，也可以怨台上的光线不够亮，甚至可以责备早餐给得太少以至于自己没吃饱。这时主持人不妨转而询问台下观众的看法。不用费力便可预测，台下的观众此时一定会对台上的射手嬉笑怒骂，矛头一定会集中指向射手本人的能耐或技术。

这时，主持人可以正言厉色、一板一眼地告诉那位武士："仁者如射，发而不中，反求诸己。"而这，正是该机构的企业标识所要表达的核心理念。其出处，则要追溯到《孟子·公孙丑章句上》："仁者如射，射者正己而后发。发而不中，不怨胜己者，反求诸己而已矣。"

如想把"戏"做得更足一点，还可以随后给那位武士 20 秒的时间在台上做低头反思状，然后让其抬头，再射，中的。掌声过后，主持人可以顺势向台下的数百位企业家朋友发问："各位老大，你们在经营企业时，若'发而不中'，你们是倾向于'反求诸己'，还是习惯于怨市场、怪政府或骂下属？"或许，这样的设计，会更有助于推广其"反求诸己"的理念？

反求诸己，说到容易做到难！

记得多年前，一些成员想当然地把私人董事会视为某所商学院的又一个别出心裁的"EMBA"或标新立异的"总裁班"，于是进组后不是醉心"找资源"，便是极力"拓人脉"。一段时间以后，大家逐渐把重心"内移"到了公司的内部治理和管理上。经过几年的同学间的相互挑战、刺激和碰撞，大家最后才把重心进一步内移到了自己的身上，"反求诸己"才成了我们的共同"信仰"和习惯。

那两次游学活动中，伟事达私董会成员与众"散客"表现出的最显著或本质的不同，就是无论在课堂学习还是参观游览中，我们的小组成员都倾向于更多地反思自己的不足与过错，而不是老责怪他人或迁怒于环境。本组的成员们甚至会在晚上"自行"组织所谓的"出国游学临时小组会议"，由表及里、由浅入深地结合白天的学习内容，系统反思。个人发言之后，还相互点评、挑战。当然，不是人人都能当场消化他人敏锐的观察和坦率的批评的，于是，说明、探讨、辩解、炮轰……计划一个小时的会，往往一不小心就开了两三个小时。

我认为，可以把这两年在神州大地上组建起来的形形色色甚至光怪陆离的各种私人董事会，大致分为三种类型或层级。

第一类型或层级的私人董事会，面最广，人最多。在这一类型的私董会里，组织者打出的广告或曰招生的卖点，往往集中在"网络"和"商机"方面。"愿者上钩"，踊跃加入这些私董会的，多数也是冲着"资源"和"人脉"去的。在私董会小组的各项活动中，大家讨论最多的，是哪里有市场，何处寻资源，谁找到了新开发渠道，谁发明了新商业模式；"众筹"或"众包"，似乎永远是热门话题。私董会也会频频从外面请行家、学者来演讲、授课，但是对"外脑"的评价标准只有一个：讲授的是不是"干货"，是否"接地气"。说得更加直白一些：你是否能教我多快好省的生财门道，或者提供实实在在的赚钱机会。

参加这一类型的私董会的企业主，其年销售额大多在几千万元至一两亿元；企业的生存压力较大，老板在公司里往往会把总经理、营销总监、财务总监等重要岗位都给"大包大揽"了。

参加第二类私董会的老板，其公司规模在几亿元至一二十亿元，此时他们开始对公司的内部管理产生兴趣。这时他们参加的私董会，往往是管理导向的。战略、组织、财务、人力资源等，既是企业老总们感兴趣的课题，也是商学院教授们的拿手好戏。如此，两者之间的密切合作，既顺理成章，又相得益彰。但那只是私董会组织和教授个人之间的"私下的"合作。近几个月来，有两所著名的商学院，竟然也半遮半掩地打出了私董会的旗号，做起了形式上既有授课，又有研讨，但是结构上既不像班级，又不像小组的"准私董会"。生命力如何？俺拭目以待。

要是说在前一层级，老板们特别关注如何"征服市场"的话，在这一层级，老板们开始特别关注如何"征服下属"。老板到了这一层级，往往会感觉当年与他出生入死、共同创业的弟兄们赶不上趟了；同时，新来的职业经理人又都是一些眼高手低、高不成低不就的家伙，而且，对老板的批评和提醒还特别敏感，动不动就以辞职要挟。于是，在私董会小组的会议中，老板们不是齐声埋怨老臣的无能，就是共同声讨新人的不忠。大家都是"苦主"，难得碰到这么多的知音，尽情宣泄之后，感觉特爽！如果这时再来一位专家、教授锦上添花，面授如何促使下属卖命干活的所谓绩效考核技术，或长期捆住高管的所谓"金手铐"计划，那私董会模式就完美无缺啦！

参加第三类私董会的老板，其公司规模在一二十亿元至一二百亿元，很多人已经不在经营的第一线冲杀；具体的日常管理工作，不少也交给了公司的 CEO 或 COO，这时他们关心的问题，往往会从"实"变"虚"。在我们 001 组，多数同学已经读了不止一个 EMBA 或总裁班，经常参加顶级商学院的各种短训班甚至读 DBA（工商管理博士）的，也不在少数。如今选择了私董会这一所谓的"后 EMBA 时代企业家的最佳学习模式"，他们到底想要什么？私董会到底能为这一层级的企业家提供什么特殊的价值？

Vistage International（伟事达国际）从其在全球 16 个国家近 60 年

的私董会经历中提炼出来的，其实就是这么一句话："better leaders，better decisions，better results"（更好的领导，更好的决策，更好的结果）。

确实，就"发心"而言，企业家往往都是为了自己企业"更好的结果"而去参加私人董事会的。在私董会里，企业家们经年累月讨论的，始终是如何采取"更好的决策"，以获取那"更好的结果"。有意思的是，"结果"发现，"更好的决策"取决于"更好的领导"——更能"反求诸己"的领导，更能清醒地意识到自己是企业发展的"瓶颈"或"天花板"的领导。

一位老板曾经在小组里分享："近几年公司发展缓慢，我老责怪下面的人不是态度差，就是能力弱。有一天环顾四周，我惊恐地发现自己当年从家乡带出来的老臣，已经所剩无几，后来陆续入职的职业经理人，也已经换了两三茬。我猛然惊醒：或许公司里最有问题的，其实是我？公司发展的真正瓶颈，还真是我？带着这个疑惑我参加了私董会，结果发现自己当年的预感还真有些先见之明。"

自负的老板经常会说，难道我还不了解自己？其实，最难的，莫过于了解自己、"修理"自己。要是你在公司里是二把手，一把手会修理你或提醒你，二把手以下的，被修理的机会自然就不用说了。可若你是一把手，尤其是创业老板，公司里往往没有一个人会说你半点不是。私董会的主要价值，就在于通过互相"抬杠子"、互相"照镜子"，让一把手们看清自己的"后脑勺"。至于"学知识""拓人脉"等在商学院、行业协会中也能获取的价值，其实并不属于私董会的本质特征。

小结一下：第一种类型或第一层级的私董会，往往是机会或经营导向的；第二种类型或层级的私董会，更倾向于管理导向；而第三种类型或层级的私董会，则倾向于修炼导向，反求诸己是其最显著的标志。

一次闲聊中，肖知兴教授（领教工坊的创始人）转述了一位书店经理人对企业家们的观察：凡是前来购买如何砍成本、怎么做销售之类的图书的，一般为小企业主；凡是前来购买再造流程、重建组织之类的图书的，大多是有点分量的企业老板；而对哲学、历史等人文类图书感兴趣的，大企业家居多。当然，这里的"大"，并不一定是指企业的体量大，更多的是指企业家的肚量大，胸襟宽。这样的企业家，更倾向于反求诸己——在征服市场、驾驭下属的同时，更善于征服自己、驾驭自己。

7. 会都开不好，怎么当领导

这是好几年前的事了：一次，我去拜访一位新客户——一个民营企业的董事长。他对我的要求与众不同：既要帮助他提升个人领导力，也要帮助他的高管团队提升团队领导力。一进他的办公室，我就注意到会议桌上的一个大桌牌，上面写了十个字：会都开不好，怎么当领导。嘿，这太有意思了！我问老板："会都开不好，怎么当领导。您同意吗？"他说："同意。""您真同意？""当然是真的。要不然我怎么会把这块牌子放在这儿？""可以请您给自己组织的各种会议打个分吗？就过去的 12 个月，平均分大概是多少？"老板想了一下："85 分吧。"

一个星期以后，我去列席了该老板的月度例会。会议结束时，我请高管们稍微留一下，帮我一个忙。我发给每位高管一张小便条，请大家给当天的例会匿名打个分。我要求大家一定"不思考，凭直觉"，并且"坚持独立作业，绝不交头接耳"。结果，猜猜平均分是多少？ 32分！董事长傻眼了。我问董事长："会都开不好，怎么当领导？"他一时语塞。

故事还没完。这是一家有相当规模的公司，来参加例会的高管，是各个分公司、子公司、事业部和公司核心部门的"老大"，那由他们组织的会议的质量怎么样？我随意选择了几个高管，接着又去旁听了由他们组织的管理层会议。每个会议结束的时候，我也同样请与会者给会议的质量打分。几个会议的平均分是多少？56分。高管们显然比他们的老板好多了，但他们的下属给的还是不及格分。

在下一次的高管例会上，我向大家宣布：在咱们这个公司的各个层级中担任"老大"的，眼下，大多数应该都是属于"会都开不好"的。高管们瞪大眼睛看着我，一脸严肃状，不吱声。"但是，对于'会都开不好，怎么当领导'这句话，我并不认同。因为这句话的隐性前提是：开会很容易，不需要什么能耐，所以，要是你连一个会都开不好的话，那你就不应该当领导。而实际上，如你们所知，组织开会是一件困难的事。要是假设你们各位领导要做的事情有十件，那么，开会一定属于其中最难做的两三件事之一。所以，各位，你们眼下还是可以继续当领导的，"我微笑着说，"法不责众嘛！"

为了缓解气氛，我还当场给大家朗诵了一首我收集到的"开会歌"：开会再开会，不开怎么会？本来有点会，开了变不会；小事开大会，大事开长会；有事协调会，没事务虚会；上旬工作会，下旬座谈会；周前办公会，周末报告会；前天表彰会，昨天动员会；明天代表会，后天现场会；上午专题会，下午交流会；晚上学习会，夜里电话会；成事庆功会，败事总结会；开工誓师会，竣工剪彩会；过年团拜会，过节茶话会；上班就开会，下班夜总会；大会套小会，装傻谁不会！

看到大家都笑了，我话锋一转："但是，如果你想当一个出色的、优秀的老大，而不是一个平庸的、混日子的领导，那你还非得花些功夫，研究如何把会开好不可。我建议，我们把那块桌牌上的文字改为：

要当好领导，学把会开好！"

在接下来的"自由发言"中，不少人提到，企业里现在无效、低效的会议太多了，夸张一点，我们甚至可以说，我们不是在开会，就是在去开会的路上。公司里的各位老大，几乎人人都是无效和低效会议的炮制者，但又同时是无效和低效会议的受害者。我们的灿烂青春、宝贵中年，很多都耗在会议里了。也有人说，我们曾经挣扎过、抵抗过，但一天天、一年年，我们逐渐习以为常了，麻木了，逆来顺受了。

"好吧，那我们现在讨论一下，怎么把自己从会议的苦海中救出来，使自己从一个会议的受害者，变成一个会议的受益者。"我提议。

长话短说，那次会议上，大家制订出一个初步的"会议改革方案"。几年来，方案几经"迭代"，已经变得"面目全非"。那漫长而又艰难、痛苦的变革过程，我就不在这儿赘述了。简单地说几句"结果"吧。首先，公司会议的数量起码减少了一半。其次，仅就会议的形式来看，老大再也不担任会议的主持人了，他的作用主要在会议总结中体现。会议前，与会者会被告知会议的主要议题和内容。会议中，每人发言的时间都有了明确的规定。会议后，都有会议纪要发给大家……

8. "例会"，究竟为谁而开

唯一例外的会：例会

"唉，又要开会了！"我认识的职场上的"打工人"，无论职位高低，在接到会议通知时，几乎没有一个人是欢欣鼓舞、喜笑颜开的。然而，能够聊以自慰的是，在大多数情况下，开会之前，这4个"W"至少你还是被告知的：What、Who、When、Where，即我们要开的是什么会，哪些人需要参会，会议的时间和地点。唯有一个是例外，而这个例外，就叫"例会"。

从 2005 年做"总裁教练"开始，我旁听了无数的公司高管例会。很多高管向我反映，每月（周）例会是他们公司里最无聊的会，然而，即便心不甘、情不愿，他们也还是月复一月、年复一年地参加例会，好像自从盘古开天地，开例会对于公司各级领导而言，就是一件天经地义的事。为什么？让我们先来看看——

例会的一般套路

我把过去 16 年中旁听过的上百次高管例会浓缩成一个典型的场景，先请大家看看是否熟悉。

首先，老大，有时是他的"代言人"，宣布会议开始。接下来就是千篇一律的"主程序"：各分公司、子公司或事业部以及公司的各个职能部门按次序报告这一个月（或一周，或一季）内做了一些什么工作，取得了一些什么成果，还有一些什么问题，等等。发言大多数都是有时间要求的，比如每个人不得超过 10 分钟，但一般执行时并不严格，超时情况屡屡发生。这一圈汇报下来，例会的 2/3 甚至 3/4 的时间也就过去了。在每个人报告的过程中，老大会时不时插话，不是点评，就是询问，而最多的是批评、训斥。有时，老二、老三也会插进来说两句，但这一般是"小概率事件"。

每个人报告完毕，就轮到老大发表"重要讲话"了。至于老大讲什么，怎么讲，讲多长，那就要看情况而定了。这"情况"，既和前面各位高管汇报的内容有关，也和老大当时的心情有关。短的，10 分钟、20 分钟；长的，一小时、两小时甚至好几个小时。例会上，没有人会提醒老大已经过了吃饭或下班时间，更没有人会要求老大言简意赅。长此以往，大家都只知道例会的开始时间，没有人能够预测例会的结束时间。

有时候，老大也会用例会的 1/5 至 1/4 的时间，来组织交流、讨论一些特定的专题，协调、布置一些特定的任务。这一部分，每个公司、每次会议都不相同，可谓千人千面、千姿百态。

高管们在回顾、评述这样的例会时，往往抛砖的多，讥讽的多，肯定的少，赞扬的少。吐槽时用得最多的词往往是两个："流水账"与"一言堂"。

既然如此，为什么我们还要月复一月、年复一年地开例会？在商言商，让我们还是先来分析一下例会的投入和产出，或曰成本和收入。

例会的成本

以前文我们提到的一家公司为例：16 年的历史，员工约 4000 人，分布在全国 5 个城市，去年的年产值 50 亿元，利润 3 亿元。该公司高层管理人员有 15 名（每人平均年薪 100 万元，老大年薪 300 万元）。他们每个月开一次例会，每次例会平均时长为三个半小时。会议地点多数安排在公司总部，但有时也会选择另外 4 个城市中的 1 个。现在的问题是，这家公司每月一次的高管例会的成本大概是多少？

会议的成本，主要由三部分组成：直接成本、时间成本、机会损失成本。

会议直接成本 = 场地费 + 差旅费 + 食宿费 + 文件制作费，约 68 000 元。

会议时间成本 = 与会者的平均日薪 × 与会者人数 ×（会前准备时间 + 差旅时间 + 正式会议时间）+ 会议组织 / 协调 / 服务人员的平均日薪 × 人数 × 投入会议的全程时间，这家公司在这方面的成本大概是

627 000 元。

会议机会损失成本 = 与会人员为了参会而离开自己的工作岗位，从而不能直接从事增值活动所带来的损失 = ∑（各类与会人员在自己的工作岗位上饱满工作所能带来的直接经营创收 × 各类人员人数），这家公司在这方面的成本约为 8 680 000 元。

按照这个公式，根据不那么精确的计算，这家公司每个月高管例会的成本大约是 937 万元，一年 11 次例会（春节所在那一个月没例会），总成本超过 1 亿元。不算不知道，一算吓一跳。这 1 亿元的例会（还仅仅只是例会）成本，与公司一年 3 亿元的净利润相比，可是相当可观的一笔资金呀！

例会的成本如此高昂，那么，它的收入或者说产出情况怎么样呢？

例会的收入

过去的几年中，我曾经与好多位公司董事长 / 总裁讨论过这个课题：为什么我们要开例会？或者更直接、具体一点：我们从每个月（每周、每季）的经营和管理例会中究竟得到了什么？大多数公司老大的反应首先是惊奇，好像办公司就得开例会，这还用得着讨论？但在我的一再"威逼利诱"下，老大们经过一番思索，还是给了我下面的答案。

（1）互相交流情况。

老板们认为例会的首要功能或作用，是让与会者互相交流：这一个月里公司各个分支机构做了些什么事情，发生了一些什么情况，大家应该交流沟通，互相了解。我的提问接踵而至：一个分支机构报告的情况，是否所有其他的分支机构都需要知道？譬如说，供应链负责人报告的具体情况，人力资源负责人是否需要知道得那么清楚？东北分公司报告的具体情况，国际部负责人是否又需要了解到那个程度？公司法务负责人，会对坐在会场里的多少人的报告有真正的兴趣……老大们对这些问题往往一下子回答不上来，但他们一般马上会说，高管们互相了解得多一些不管怎么说总是好事吧，至少不会有害处吧。

我怎么听上去有点像老年人花退休金吃保健药一样，有益无害，吃了总比不吃好呢？我向老大们报告了我的观察：每次例会上高管们在逐一报告时，真正在参会的人，始终不到三分之一，而总是聚精会神的，往往只有三个人，一个是老大，一个是记录员，还有一个是"轮番作业"的报告人。这一点，只要稍微注意一下高管们手里的手机、桌上的电脑，注意一下他们交头接耳、跑出跑进的频度，再注意一下他们的眼神、身姿，你就可以做出判断，在大部分时间里，高管们都是"身在曹营心在汉"的。他们并不在乎与其他人的"交流"。老大只是因为在下属逐个报告时一直全神贯注，所以才会视而不见。我把平时在例会上"偷拍"的"雅照"一张张放给老大观赏，老大顿时哑口无言。

为什么大多数与会者在大多数时间里都对其他人的报告表现冷漠，但一轮到他自己发言马上就像换了个人似的，即刻打起十二分精神，滔滔不绝、没完没了，往往要一再提醒才能打住？原来，每个人心里都明白，一个月就这么一次向老大"表功""争宠"的机会，机不可失，时不再来。我提醒老大：你只要稍微注意一下发言者的"身体语言"就明白了，你看他们发言时几乎所有时间都在对着你说话，有几个人是环顾四周、面向众人的？

一个个人挨个报告（私底下，许多公司的高管称之为"过关""过堂"），十多个人轮流作陪，如此而已！何来"互相交流情况"？"例会的首要功能不是与会者之间的'互相交流'，而是所有人轮流对老大的'直接汇报'。"在这一点上老大不得不向我"低头认输"之后，他立即提出例会的另外一个功能——当场、及时解决问题："例会可以帮助我及时发现问题，当场解决问题呀！这应该算是例会的重要'产出'吧？"

（2）解决实际问题。

没错，例会确实有这个功能。然而，我向老大提出挑战：

第一，问题出现在高管例会上并被老大"发现"，往往说明这已经不是一个刚刚产生的小问题了，即使老大"慧眼识问题"并当场拍板把问题给解决了，也已经很难算得上是"及时"了。

第二，实际上，在例会中"当场解决问题"的概率是很小的。因为具体情况不清楚，相关人员不在现场，会上时间不够等，绝大多数的问题都是不得不在会后由专人组织专题会议来解决的。我耳闻目睹的无数事实表明，老大试图在例会上当场解决具体问题，往往是心有余而力不足的。老大在例会上以小见大、借题发挥，乘机敲打敲打下属是可以的，但真要解决具体问题，例会的效果远不如分门别类的专题会议。

第三，例会上高管们提出的问题，大多是其个人"管辖范围"内的问题，有些问题和其他部门有关，但一般最多也只牵涉到另外的两三个人。当老大试图在解决某一个局部问题时，大多数人基本是"事不关己，高高挂起"的。可以说，哪怕老大在例会上解决了一些具体问题，也是以大多数与会者宝贵时间的浪费为代价的。

例会，谁的例会

既然例会的"性价比"这么低，那我们似乎很自然地要再问一遍这个问题：我们为什么要开例会？为什么，究竟为什么要开例会？

我想，假使我有这个权力，可以到我服务过的上百个企业里去当众宣布：例会被"取缔"了，从此以后，咱们公司再也不用开例会了！我估计，高管们会喜形于色甚至掌声雷动。因为，时间长了，大家都心照不宣：例会，尽管参与者除了老大一人以外都是公司高管，但其实质不是"高管例会"，而是"老大例会"。例会，是按惯例为满足老大的需求而让高管们不得不参加的会议。

当然，要是我真的去把各公司的例会都取消了，老板们可是要"杀"了我的。对很多的董事长而言，例会是他们获取下情的主要渠道，用一场几小时的会议，就把相关信息都了解了，甚至还把有些急迫的问题当场处理了，效率多高呀！至于例会上得到的信息的质量有多高，其可信度有多大，特别是，例会的成本是多少，其性价比怎么样，高管们的心理感受又如何，老板往往就不去考虑了。老板是公司里最重要的人物，老板的便利第一！

其实，以上这些分析还仅仅停留在"有意识"的层面上。为什么老大对例会情有独钟，恐怕更重要的原因是例会在很大程度上满足了老大的某种深层次的心理需求。只不过这种需求主要隐藏在"无意识"层面，老大难以察觉。我把这种需求称为"老板需要的仪式感"或"老大感"。

让我们设身处地地站在老大的角度上想一想，当老大的，但凡要刷"存在感"，还有比例会更佳的场景吗？每个月，公司里最重要的十几个甚至二十几个人聚在一起，一个挨着一个，诚惶诚恐地抬头向你当面报告，一字一句地低头记录你的指示，而你，只有你，才可以在会上随时随地插话，随时随地质疑，甚至随时随地训人。书面的方式、一对一的方式等，哪有例会来得爽！哪还有什么事能像例会这样满足一个人"当老大的感觉"！

最后说一句，例会，对老大而言，确实有其意义。从"实"的角度看，例会有利于老大"多快好省"地了解下情，有利于老大"既爽又快"地发布指令；从"虚"的角度讲，有利于老大满足虚荣心、"老大感"；从某种意义上来说，老大在此基础上产生的自信心、自豪感，也许对公司不无利处。但是，由于这样的例会而导致全公司逐渐形成了唯我独尊、上级可以对下属的时间不负责任的企业文化，咱们想想，再想想，这代价是不是太大？！

（"阿仁加速器"的王静怡、唐天逸等青年才俊对"会都开不好，怎么当领导""'例会'，究竟为谁而开"这两小节有贡献。致谢！）

此部分共包括四篇文章，较为完整地记录了伟俊在不同阶段担任"总裁教练""私董会教练"时的心得，分别是：

①《中国"总裁教练第一人"张伟俊的故事》(弓长，2007年)；

②《私董会第7年——从同学情到兄弟情》(丛龙峰，2017年)；

③《十年磨一剑——"私董会001组"七月活动现场纪实》(蒋晓捷、王靖怡，2020年)；

④《谁来帮企业家破心中贼》(丛龙峰，2020年)。

中国"总裁教练第一人"张伟俊的故事[⊖]

上篇：从总裁到总裁教练

20 年前，他从美国带来咨询心理学，成为我国心理咨询行业的"拓荒者"。10 年前，他又从美国带来领导力及人力资源管理咨询，成为我国这一领域的"领头羊"。5 年前，他"竞争上岗"，成为国有系统内第一个"年薪百万"的职业经理人；在 CEO 的岗位上，将一个典型的政府事业单位改造成一个知名的中外合资企业，为我国在这一领域内的改革提供了难得的经验与教训。如今，张伟俊应邀为长三角、珠三角一些民营企业家提供"贴身服务"，成为中国以"总裁教练"为专职的

⊖ 本文包括上下两篇：上篇《从总裁到总裁教练》发表于《南都周刊》2007 年 10 月 12 日；下篇《总裁教练是如何炼成的？》发表于《南都周刊》2007 年 10 月 19 日。作者均为弓长。

"第一人"。

此前，并没有计划把他的故事这么早就端出来。

因为他还没有确定这种结果对他是利多还是利空。甚至他还必须刻意地隐藏所有培训对象的身份，记者再三约请，他也仍然保持他早已职业化的微笑，略带几分幽默地对记者说："假如我为之服务的某个总裁从此一帆风顺，企业最终像三菱、惠普、西门子、三星一样优秀，我当然很乐意跟着沾光。但是如果某个总裁不幸哪一天犯了别的错误，甚至企业破产，人家一定会说，这都是我这个总裁教练干的好事。"

这样做，并非张伟俊对自己没有信心。相反，他深信自己在开创一项新的事业，而且意义重大。

在浙江省杭州市的某个大型民营企业，其总裁姓李，我们不妨称他为李总裁，或者就叫李四，或者其他李什么都行。出于某种大家可以猜想到的原因，张伟俊还不方便透露这些企业和总裁的真名。这个李老板成为总裁教练张伟俊的服务对象。以下所讲述的故事除了隐去部分企业和总裁的真名，其余都是真实的。

有一天，李总裁正在接受张伟俊的辅导，他的一个下属进来打断他说有点急事汇报。李总裁此刻正专心接受张教练的辅导，非常自然地责怪了这位下属："你没看到教练正在和我谈话吗？请先出去。"李总裁的下属道了歉退了出去，过了一会儿，李总裁突然意识到什么，打了一个电话："对不起，刚才我不应该这样说话，请你原谅，过一会再送文件过来吧。"

张伟俊对记者说，这就是进步。

据张伟俊统计，有的总裁在接受教练辅导之后，每周开会骂人的次数从数十次下降到每周只有一两次；有的总裁一改"老子天下第一"的做派，成功地留住了几位欲另觅高枝的高管；另一位总裁一时头脑发热搞了多元化扩张，接受张伟俊的帮助后，清醒地认识到自己的长处与不足，花了一年时间又收缩回原来的主业，却让企业开拓了新的局面。

当然，张伟俊从中收获了更多的经验，他把"总裁教练"业务的合同改了又改，并把核心要素基本固定了下来，凡是要请他为总裁私人教练的，必须先签约，并接受合同上事先说尽了的"丑话"。

从确认"总裁"的定义到项目合作的前提条件、方法、途径、免责条款，合同中一应俱全，凡是以前出现过以后也可能出现的"意外"都会作为合同的补充。现在，张伟俊已经基本把自己的"总裁教练"业务做到了既保证鲜明的"针对性"又强调业务的规范性。

总裁教练的定位

着眼点是总裁领导力的提升而非公司业绩的改善

什么叫总裁？

张伟俊定义的总裁是这样的："总裁，是指企业的企业主、董事长，也即所谓的'一把手'、广东人俗称的'一哥'，大家都熟悉的叫法当然是'老板（boss）'。"

何为教练？

张伟俊给自己的定位是"professional coach"。他笑称："俺是靠做教练吃饭的。"此"教练"并非一般企业现在要求企业经理们所具有的"教练体制"。

"搞清楚这两个概念，才有可能谈项目合作。"张伟俊说，他对自己的教练作用也有明确的定义：

（1）教练在整个项目进程中，"对人不对事"，即他的着眼点是总裁领导力的提升而非公司业绩的改善，尽管这两者在理论上有着明显的正相关关系。

（2）提升总裁的领导水平与艺术。总裁本人是"主角"，教练是"配角"，并且，教练不会直接踏上企业舞台与总裁"同台共舞"，教练只在幕后起为他人难以觉察的辅助作用。

（3）教练将把主要注意力放在总裁的心智模式、行为模式的转变上，并不是进行领导力方面的知识传授或管理方面的技能培训。教练的作用如镜子，仅协助总裁观察自己、洞悉自己，调整心态，理性地、明智地处理与自我的关系和与高管团队的关系，创造一个既有利于总裁的身心健康，又有利于高管团队良性发展的和谐的组织氛围，最后达到持续、有效地提升企业业绩的终极目的。

（4）教练是总裁在自我发展方面的伙伴，而非总裁在公司内部的上级或下属。

…………

"这些看起来简单，但都是我经过实践总结归纳出来的。"张伟俊在长期的企业管理咨询业务和三年的总裁实践中，越来越清醒地认识到，尽管企业的成功并不完全取决于老板，但企业垮掉，老板则必然是主犯，"咎不容辞"。张伟俊称这是企业定律。类似的企业定律还有：老板是第一个违反企业内部规章制度的人。老板总是最先反对他自己制定的企业战略。老板相信企业的成功完全是自己掌舵的结果。老板最大的缺点是认为只有自己的决策才是最符合企业需要的……

历时两年半，张伟俊已经开创了具有中国特色的"总裁教练"业务模式并制定了相应的标准和规范。

总裁教练的最大挑战

"老板们总是太自以为是"

尽管如此，张伟俊仍然面对着巨大挑战。

"老板们总是太自以为是。而这恰恰是我的教练工作的主要目标。"张伟俊给记者介绍了刚刚的遭遇。

有一个江苏省无锡市的民营企业老板，我们可以称他为胡总裁。胡总裁做事非常有章法，企业做的流程管理和信息系统建设在中国企业中名列前茅。但他对张伟俊提了一个令人哭笑不得的要求。胡总裁在接受辅导之前，总是通过秘书要求张伟俊列出辅导提纲，提纲要有目标、有计划、有步骤，方案要尽可能详细，经胡总裁同意之后才接受辅导。

张伟俊不是第一次面对这种难题："到底是他来教我如何做教练还是请我来教他如何做老板？"

还有一个老板，人称"不读书"，他和张伟俊签完项目合同说的第一句话就是："我这个人不爱看书，更不能写东西，一写东西手就发抖，所以您不能布置看和写的作业。"

而张伟俊正是通过谈话，加上推荐阅读和记录自身体会等方式，帮助总裁们完成自身心理调适的过程的。"不读书"总裁听完张伟俊的计划，立即强调："张教授，您要对不同的学生区别对待，个别情况个别处理。"

张伟俊说，他是做心理咨询出身的，非常了解和理解中国民营企业的老板们都聪明、压力巨大，还特别要面子，在长期的市场搏杀中，"成功已经上瘾"，他们其实有太多的烦恼需要倾诉，他们也有更多的压力需要得到释放，他们更需要通过专业的教练帮助，让他们进一步清醒地认识自我，认识自己的企业，从而最终使企业走上可持续发展之路。

写满"丑话"的项目合同

"最难教的是中国民营企业总裁"

张伟俊对中国的总裁是这样认识的：国有企业的总裁并非真正意义

上的总裁，他受到的各种制约太多；跨国公司背景的外资企业，它们的中国区总裁往往只负责其在中国的一个分支机构，独立性有限。和民营企业的总裁相比较而言，前两者往往没有资格犯大错。

唯独中国的民营企业总裁们做惯了"皇帝"，他们在企业内部可以为所欲为，他们可以一个人一夜之间改变企业的产品、企业方向、战略和营销渠道，他们可以一夜之间决定企业是否国际化。一旦错了，很有可能给企业带来灭顶之灾。

事实上，中国民营企业的"总裁"们远远要比那些国有企业或外资企业总裁更难教。每一个总裁都有非常鲜明的优点，但他们同时也拥有几乎所有中国民营企业家共同的致命"毛病"。

这些"毛病"让张伟俊饱尝苦头。

比如有的总裁一开始很有诚意，但请来张伟俊不久就变卦。有的总裁从来没有受过别人的批评，他会在你报告测评结果的时候突然告诉你，今天太忙，以后再说，于是项目合作就中止了。还有的总裁，会把你当作自己的员工，甚至给你派任务，完全不知道总裁教练相当于总裁的老师。

记者看到过张伟俊的项目合同。除了正常合同的必要条款外，他的"总裁教练"项目合同甚至用大段大段的文字明确了"项目目的""项目前提""项目手段""项目特点""项目成果""特别事项"等。正所谓"丑话"说在前头。以下，是其中一份合同的"丑话"：

"对于一个成年人来说，了解自己、改变自己是一个长期艰难的过程。由于中国民营企业老板目前所处的'特殊阶段'，这一过程往往更艰难、曲折。在这方面欲取得可持续性的真正的效果，总裁既需要决心，又需要耐心。在这一过程中，总裁既会体验到愉悦和兴奋，更会体验到郁闷和沮丧，甚至失望和愤怒。总裁可能会在某个时期怀疑教练是否真能起作用，甚至会认为教练对自己或公司的发展起了反作用，'开除'教练。而在另一时期，总裁可能又特别感激教练对自己的帮助……"

"我必须把我的职责和原则明确，在合作之前和总裁们说清楚，能达成共识，才有可能合作下去。"张伟俊的合同帮了他很大忙，但他并非遇到问题就拿出合同来究责。更多的时候，张伟俊在反省自己，"是不是我的方法还不够完善，是不是要换一个形式和他沟通，是不是这个时机不太恰当"。

张伟俊向记者讲述有这么一个总裁。

依照前文，这回我们不妨称他为刘总裁，也许他的名字非常普通，就叫"刘永发"。当然，如果真有一位企业总裁叫"刘永发"，请他不要深究，本文声明此"刘永发"绝对不是他。

刘永发总裁的企业资产已经是广东省中山市的三甲，纳税额为这个城市的行业第一名。但刘永发总裁有非常鲜明的缺点："不分场合不分对象地骂人，遇到不合他心意的事，立即动怒，破口大骂，像训儿子、骂孙子一样。"

张伟俊的办法是，做足了两天的贴身观察，"上班期间，除了他上厕所我不跟着，其他场合我都跟着"，又做足了一个月的外围访谈和测评。当他递上一份按国际标准调查得来的数据后，刘永发总裁几乎像孩子一样羞愧难当。

张伟俊给刘永发总裁介绍了他一周内发脾气的平均次数、骂人的平均次数，告诉他这样的后果是企业的员工，包括高管，都将受不了他的管理。调查结果还显示更残酷的现实：只要有一家同类的企业愿意出高于现在区区 10% 的价钱，就可以掏空他的企业人才。刘总裁受到前所未有的震撼，从来没有人告诉他这样残酷的事实。而更可怕的是，这种残酷的现实是他亲手造成的。

尽管如此，但并非说从此以后，张伟俊的教练工作就一帆风顺。张伟俊还要不断地和总裁的下属们一个个单独面谈，甚至还有总裁的家属和秘书。

之后，才是制订一个双方都认可的辅导和纠正方案，帮助总裁认识自己。比如，两个月后，刘永发总裁把每周发脾气的次数从数十次降到每周一两次。

总裁教练的职业原则

"我是总裁们最忠实的镜子"

两年多以来，张伟俊已经接了不下十个总裁的项目合作。记者问张伟俊，是不是不管什么样的人，通过你的教练服务，都会更加符合企业的需要，做一个更加出色的总裁？

张伟俊谨慎地回答："不能这么说，我只是总裁们的一面镜子，是一面非常忠实的镜子。是唐僧就该照出唐僧，是猪八戒就不能照出一个帅哥。"张伟俊把这种"忠实的镜子"当作总裁教练的职业原则。

在一份合同中，张伟俊这样写到他对总裁的要求：

"总裁的主要注意力应放在对自己的价值观念、性格脾气、领导风格、管理特点等方面的进一步自我意识、自我觉察、自我控制和自我纠偏上……"

张伟俊严格把自己的工作限制在"心理学和管理学"的范畴内，仅仅是帮助企业总裁更正确地认识自己，提升自己。

"我给自己的定位就是'做总裁们忠实的镜子'，让总裁看到自己是谁。或者说，'张伟俊只是一杆秤'，我帮助总裁们称出自己几斤几两。"

很多时候，张伟俊的工作是这样开始的：经过两天贴身的"亲密"

跟踪观察和专业的心理测试、360 度调查后，他向总裁提交评估报告，他会先给总裁听调查过程中总裁在一些场合的讲话录音，然后向总裁提出问题："这些话是你说的吗？""这些话是你该说的吗？""这些话是你职责范围内该说的吗？"

还有，"这两天内，你一共表扬了员工 ×× 次，批评了 ×× 次"。

再有，"在两个小时的会议中，你的脸部表情呈现中性的有 ×× 时间，板着脸的是 ×× 时间，微笑的是 ×× 时间……"。

量表表现中，不但有数据，还有图表，显示出管理层中有百分之几的人表示不敢跟总裁提意见；有百分之几的人认为总裁只需要专心做董事长，而把总经理的位置让给一个得力的职业经理人……

一般来说，这些调查会以"总裁自答"和"他人回答"两种形式呈现出来，这样总裁就可以看出二者有巨大的差距。张伟俊说，两年来，这种调查结果对他所有服务过的总裁们都有着巨大的"刺激"。

下篇：总裁教练是如何炼成的

看完《中国"总裁教练第一人"张伟俊的故事》上篇之后，读者也许会提出三个问题：第一，张伟俊有何能耐敢于充当总裁的教练？第二，他如果这么能干，为何不自己去创一番事业，打造一个杰出的中国企业？第三，中国的企业总裁们真的需要教练吗，总裁们该如何教、如何练？这些问题，张伟俊在三年前就已经开始思考，并且还将继续思考下去。

一个喜欢吃螃蟹的人

2007 年的秋天，在北京，面对记者的以上三个提问，张伟俊说，秋风起，蟹脚肥。"我是一个喜欢吃螃蟹的人。"

张伟俊跟记者讲述了在他的职业经历中，吃过的几次非常重要的"螃蟹"。

第一只"螃蟹"出现在 1986 年。在美国伊利诺伊大学当访问学者期间，他"擅自"改变了单位派出时给他制定的学习方向，改学了心理咨询与心理治疗专业，并取得硕士学位。由此他成了中国大陆第一个受过西方系统训练的职业心理咨询工作者。

张伟俊说："那个时候，中国现代化的进程刚刚开始，我预计到现代化的进程将给中国人带来心理上的巨大压力，伴随着这些压力，会产生各种各样的心理问题。而中国这个时候还很少有人听说过'心理咨询'和'心理治疗'。"

这门在我国台湾地区被称作"心理咨商"、在我国香港地区被称作"心理辅导"的科学，正式以一种职业的面目进入我国大陆地区，这缘于张伟俊当年的选择。随后，张伟俊就在全国四处"流窜"，成了我国大陆地区心理咨询行业的"拓荒者""播种机"。

第二只"螃蟹"出现在 2002 年。张伟俊毅然从国际著名的安达信公司辞去人力资源咨询部总监的职务，主动大幅降薪，竞争上岗，以仅百万元人民币的年薪竞聘了上海人才有限公司总裁。公开拿一百万元人民币年薪的总裁，在当时中国国有系统还是第一个。

当时，很多人预言：像张伟俊这样头上长角、身上长刺的人去一个具有国有企业背景、完全由政府投资占主体的公司，半年之内一定出局。结果恰恰相反，张伟俊花了三年时间，成功地把一个政府事业部门改造成为一个在中国人力资源综合服务领域内，唯一能与国际跨国公司相媲美、相竞争的公司。也正是在这三年里，张伟俊完成了"企业总裁"的"炼狱"过程。

　　第三只"螃蟹"就是三年前辞去上海人才有限公司总裁职务干"个体户",成了中国第一位专业为企业总裁提供领导力服务的"总裁教练"。

　　张伟俊说,他这个"个体户"身份,至今仍给一些合作伙伴带来某种"尴尬"。比如在某些大学演讲,面对台下数百名企业总裁或总经理,主办单位和主持人更喜欢称他为"某某公司总裁",似乎"个体户"的角色丢了主办单位的面子,降低了讲座的"含金量"。而张伟俊一上台来,就要拿自己的"个体户"身份开涮:"做总裁,那是两年多前的事了,我现在是一个'个体户',我们主办单位请一个'个体户'给老总们讲课是有勇气的……"

　　张伟俊说:"我是一个有点'野心'的人。心理咨询工作主要是针对个体,尽管我做了很多心理咨询师的培训工作,但仍然觉得不过瘾。"因此他在 1988 年回国干了四年的心理咨询培训工作后,1992 年再度赴美准备攻读心理咨询博士。

　　只是,不安分的张伟俊求学途中再次改变了方向。

　　"因为一个偶然的机会,我看了一本关于改变一个组织的书,就决定要从改变一个人调整到去改变一个组织。所以转学马萨诸塞大学管理学博士学位课程,方向是企业管理咨询。"

　　此后,张伟俊一直在美国的大公司做企业管理咨询工作。其中包括 Hay(合益)、Towers Perrin 和安达信等美国著名的资源咨询公司。

总裁教练对自己的认识
挑战"独一无二"的感觉

　　正是因为有了心理咨询和管理咨询两把"刷子",又有了在上海人才有限公司做总裁的三年亲身实践,特别是在这个过程中,他不断被当时国内极为出风头的几家"明星"企业，如华为、万科和 TCL 请去做企业高层的管理咨询，目睹了任正非、王石和李东生的不同性格、不同作风和企业发展的不同路径，他更加深刻地感受到，一个企业能否朝着正确的方向发展，做大再到做强，企业总裁起着极其重要的作用。

他坚信，做企业领导人的教练也将大有可为。

2005 年之前，张伟俊已经兼职为企业家做私人顾问，张伟俊认为这些零星的"总裁教练"工作，让他进一步明确了自己的"职业规划"，一直在教别人做职业规划的张伟俊在某一段时间终于静下心来思考自己的长处和短处。

如果说，做心理咨询和管理咨询都是做"好人"，那么，总裁往往需要做"坏人"。从此，"狡猾"的张伟俊选择做总裁教练，他说："这样我就可以专注'好人'，而做'坏人'的事就交由总裁们去做。"

三年总裁生涯，使张伟俊重新认识了自己。他说，他并不想再做千万个总裁中的一个，而是要挑战总裁教练"独一无二"的感觉。

"我这个人有点事业心或者叫野心，我没有多少权力欲，只有比较强烈的影响欲，我不想控制人，但我很愿意去影响人，可以通过影响总裁去影响中国的企业，所以我选择去影响企业的总裁。"

并非说那个时候国内没有企业总裁聘请过教练，那些跨国公司的中国总裁或者个别国有企业的总裁，已经开始从纽约请来美国的，或者从英国、法国、瑞士请来欧洲一流的领导力教练，有的一年来辅导一次，有的一个月辅导一次。只是，此前的总裁教练都不是中国人。张伟俊的自信在于：既懂得国际跨国公司如何运作，又懂中国企业的运作；既了解中国国情，又知道中国企业家做事的路数；既懂国际企业的标准，自己又做过三年总裁；而且有着心理咨询和管理咨询实践。"四个方面加起来，大概中国还没有第二个这样的人吧？"张伟俊问。

于是，2005 年 5 月，张伟俊毅然离开上海那个声名显赫的公司，干起了中国从业总人数最少的行当——"总裁教练个体户"。

张伟俊眼里的王石和任正非
优秀的总裁绝不是天生的

2006 年，万科的王石和华为的任正非被评选为中国最具领导力的企业总裁。王石排第一，任正非排第二。恰好，这两家公司是张伟俊服务时间最长的公司。直到现在他还是万科集团"首席领导力顾问"，每月有固定为万科服务的时间。可以说，近十年里，张伟俊和王石与任正非有过最多的"零距离亲密接触"。他觉得自己是最有资格把王石和任正非两位"总裁"放到同一杆秤上"过磅"的人。

王石和任正非并不是天生优秀，在很多年前，他们和中国绝大部分民营企业家一样，有很多缺点，包括性格上的缺点。

对多年前，任正非在华为管理层会议上公开发火的样子，张伟俊记忆犹新。"当然，今天的任正非对下属公开发火的现象已经罕见。"

现在，张伟俊常常会在各种讲座中和企业的总裁们讨论王石与任正非的异同。张伟俊用幻灯打出王石和任正非的相片，所有人都认识王石，但问到后一位的姓名时，回答显得格外犹豫。因为任正非的面孔实在没有多少人熟悉。

张伟俊说，这恰恰决定了两个企业的鲜明特点。虽然任正非本人低调内向，但华为是今天中国本土大公司中最"外向"的，有 60% 以上的业务在海外；虽然王石本人外向，但万科到今天没有一分钱收入来自国外市场。

张伟俊在各种讲课中更注重比较王石和任正非作为企业"一把手"的相同之处。

（1）很明显，二者都是男人，而且都是非常成功的男人。

（2）他们虽说年龄有差距，但基本生在相同的年代，都有当兵的经历，有军人作风。

（3）两位都是在深圳特区创业，至今以深圳为企业的总部。

（4）两个人的企业都经历磨难，但最终非常成功。

（5）两个人都"仗义疏财"，他们分别在自己打造的企业中所占的股份都不高：王石拥有的万科股票远不到1%，任正非可能稍稍多一些，但也不超过1%。这说明他们并不像部分民营企业家那样贪恋钱财，尽管他们当初都有机会、有理由，更有资格拿到50%以上股份。张伟俊经常碰到一些老板抱怨高管们没有主人翁精神，没有责任心。张伟俊说，这非常可笑，从股权结构看，老板私人拥有百分之百的股权，高管们怎么可能有主人的感觉？

（6）他们俩都宽容，手下高管几进几出，只要回来都热情欢迎。其中万科有"莫军"，华为的代表则是"李一男"。

（7）两个人都"崇洋但不媚外"。万科和华为都是非常尊重并推崇西方企业管理经验的中国公司。当年张伟俊就受过王石的"攻击"："其实你们海归并没有完全吃透西方企业的管理实质。"王石总结万科的特点是"彻底地学西方企业"。在华为，张伟俊有更深刻的体验，当年为华为做咨询顾问时，安达信团队提出的薪酬改革方案多次无法通过，因为华为的几个副总一致认为这不符合华为司情，最终由任正非提出知名的"削足适履理论——先僵化，后固化，再优化"。任正非说："在没有体会到这套制度的好处之前，不能仅凭一句不符合司情就否定它。"

（8）两个人都"强势但不霸道"。张伟俊亲眼看过这两位老总脾气爆发的样子，但近几年来，他们发脾气的现象几乎没有了，这在中国绝大多数的本土公司都属罕见。张伟俊透露，"根据ENT（executive management team）理论指导，华为现在的高管团队是轮流'执政'的，任正非正赋予他们越来越大的权力"。而在万科，"以前，高管向王石报告某项工作，如果王石说'我听不懂'，这位高管是会被吓得发抖的，现在王石如果说'听不懂'，那只说明王石是真的没有听懂，仅此而已"。

（9）两个人都坚持自己的企业"专业不多元"。他们坚守自己的企业要走专业化道路，不能随意搞多元化经营。华为公司曾宣布过"华为永不进入服务领域"；万科则早已明确"万科只做房地产"，并且是只做房地产的住宅部分。万科的"专注"精神甚至让他们的很多员工一开始都不理解，面对全国市场，万科甚至固执地坚持"3+X"战略：全国就只做三个区域，加武汉和成都（中西部）。

通过分析这两位最优秀的中国企业家代表，张伟俊无非要告诉总裁们：王石和任正非也是通过不断提升自己的修养，不断学习改进，才成为今天的王石和任正非的。

"总裁必须有自知之明，总裁必须做总裁该做的事。"张伟俊补充举例，多年前，万科被某国际评估机构评为"全球最具发展潜力的 200 家中小企业"，王石就很不以为然地说："有没有搞错？我们万科是中小企业？"

今天的王石和任正非都看到自己企业的"小"和"不足"，这是总裁的"自知之明"。正如华为今天的榜样是思科和 IBM，万科的标杆则是美国的帕尔迪房屋公司和日本丰田。

现在的任正非只在战略上把控，具体的管理细节全部交由他的团队。张伟俊介绍："事实上任正非最善于学习国外的经验，华为很早就是跨国公司，华为在其他国家的公司都交由当地的高管管理，靠的就是在很多跨国公司都行之有效的国际通用的管理工具。而这对于中国的大多数企业家来说，可能还是一堂刚刚开始的课程。"

有"自知之明"的总裁才可能有真正的忧患意识。张伟俊最近参加过万科的一次高管会议，主题就是"忧患意识"。张伟俊说，从高管们的发言可以看到，万科的高管们是真的和王石一样，深刻领会了"生于忧患，死于安乐"的古训。

总裁教练的幕后秘密

"总裁们必须有出气筒"

为了对总裁们有更大的帮助，张伟俊的工作显得孤单而寂寞。他需要绝对保密，不能张扬。张伟俊对自己要求非常苛刻：坚决拒绝陪同总裁出席各式宴请应酬，坚决拒绝和总裁一起打高尔夫球，坚决拒绝陪同总裁出入灯红酒绿的娱乐场所……在张伟俊看来，只有高度职业化，总裁教练的职能才可以更好地发挥。

有时候，总裁明明在公司的高层会议上犯下错误，张伟俊只能眼睁睁地看着、忍着，保持他在高层会议中一言不发的职业守则，他明白自己只是总裁的私人教练，不对企业具体业务插手，不直接干预企业的运作。他要等总裁回到办公室，关上门，才能私下告诉总裁："刚才你犯了一个很大的错误。"

有一回，李姓总裁对高管张三丰忍无可忍，把张三丰总经理说得一文不值，按照李总裁原来的脾气，张三丰是走定了。但因为请了张伟俊做总裁教练，李总裁还是电话征求了张伟俊的意见。张伟俊此时才感受到什么叫"如履薄冰"——一边是公司老板，自己的服务对象；一边是企业总经理，也是重要角色。经过思考，张伟俊是这样答复的："你对张三丰的评价听上去有道理，不过现在不妨搁置一下，等我过来，你们再坐下来好好谈一次，你需要给张三丰一个说法，让他离职也心服口服，因为你现在要争取的是公司负面影响最小化。我也愿意听一下你是如何说服这位高管的。"

结果，张伟俊在一边旁听记录，李总裁和张三丰总经理开诚布公地谈了六个半小时，总裁重新认识了总经理，虽然总经理性格刚烈，执行中有明显的失误，但还不必非要离职，同时总裁又发现了总经理做法中的可取之处，总经理也理解了总裁的思路和担忧，两位企业领导演了一出"将相和"。

总裁教练必须保持自己的独立和中立身份，决不能介入企业的内部纷争，也不能随意地和企业的高管们交朋友。

张伟俊还认识到，总裁们必须有自己的出气筒。这个出气筒最可能就是总裁教练。很多时候，只有先充当好"出气筒"的角色，才能推进下一步的教练业务。

总裁教练必须处处顾及总裁的面子。"这就用了我的咨询顾问的技能，在合适的时候问不合适的问题。不合适的时间问对了问题，也有可能会找死。"张伟俊说，更多的时候，事实上教练是隐性地在起主导作用，但作用是间接的。教练的过程需要很多的沟通，表面上看，教练是微不足道的，但事实上教练需要用很高的技能让老板以为这种服务是微不足道的。

在记者看来，张伟俊是脾气极好的学者，很多人也欣赏他的儒雅气质。然而，脾气再好的人也有生气的时候。

张伟俊坦承，有时候真的被老板气坏了，气得当时就想骂人："老子不干了！"

不过，张伟俊说，这种话是永远不会真正说出口的。他要把到嘴边的话又吞回肚子里，然后思考，肯定还有一个更好的办法，让总裁接受他的意见。

　　张伟俊说，总裁们都是高处不胜寒，大多数人只看到总裁的权力与光环，但作为教练，看到更多的是总裁们的孤独与寂寞、压力与无奈。总裁也是人，也有倾诉的需求，也有表露和发泄情感的需求。所以，张伟俊时常需要朗诵毛泽东的词："俏也不争春，只把春来报。待到山花烂漫时，她在丛中笑。"

私董会第 7 年[⊖]
——从同学情到兄弟情

最近几年，尤其 2013 年后，私董会作为一种企业家学习的新模式，被人们迅速接受并风行开来，甚至在某种程度上成为一种管理时尚。

这背后自然有互联网传播的功劳，而私董会相互取经的学习形式又容易与传统的商学院教育形成互补，成为不少企业家在"后 EMBA 时代"的当然之选。同时，私董会好像既适合做社交，也可以办成研讨会、培训、微咨询，于是，关于私董会的各种变种纷至沓来，例如内部私董会、私董会 2.0 等。

这就更让人搞不懂了：私董会到底是什么？怎么做？

管理学领域的许多新理念、新做法，总是伴随着修辞与现实的背

⊖ 本文为丛龙峰 2017 年 5 月所写，以纪念伟事达私董会 001 组成立 7 周年。此前未发表过。

离，即其概念与内涵很快被泛化、庸俗化。例如，前几年兴起的阿米巴模式，在创始人稻盛和夫的语境下是有严格界定的，是一整套相对完整的管理体系，但在实际的应用推广中，不同企业的阿米巴版本堪称千差万别，有些只是一种管理修辞，为象征性的目的服务。

私董会也是这样，有时就是召开会议，甚至聚会，但也美其名曰"私董会"，就像文字游戏。不过，这也是人们追逐管理时尚的一种方式，本身倒无可厚非，但在这一次次被消费的过程中，私董会本来的面目却不再清晰了，它从一种具有明确定义、比较完善的技术发明，逐渐演化为一种模糊的，甚至是让人质疑的发明。

不同的人出于不同的考虑举办私董会，短时间内引爆流行，但也如潮水般退去。当私董会的"热闹"开始降温，它内在的"门道"便愈发显现出来。

演化是事物发展的必然规律。过去几年，相当数量的私董会组织日渐偃旗息鼓、难以为继，许多甚至没有走过一年。这跟私董会在美国，每个组员平均入会时间 8.5 年，每年续会率 80% 的情况相去甚远。其中肯定有时代和地域文化差异的因素，但很可能也是因为我们急于速成、盲目创新，把好经念歪了。

据我所知，国内的私董会小组中目前走得最远的是伟事达私董会001 组，成立于 2010 年 3 月，至今已完整走过 7 年，现有 18 位组员，大多是区域或行业的龙头企业，其中 5 位创始成员仍定期参加活动，超过半数组员为 5 年以上。教练是张伟俊，被誉为中国"私董会教练第一人"，但对此张伟俊表示："'第一'不是指最好，而是最先。"

2017 年 3 月，我应邀参加伟事达 001 组的第 35 次"常规小组活动"，也是它发展到第 7 年的最后一次活动，每年 5 次活动，每次 2 天。伟事达国际目前是世界最大的领导力发展机构，也是私董会模式的鼻祖，至今已有 60 多年经验，教练人数超过 1000 人，企业家会员超过 23 000 名，在 19 个国家设有分支机构，并于 2007 年进入上海。我此行的目的有两个：其一是探究竟，还原一个私董会的本来面貌和真实情况；其二是找答案，让私董会在本土情境下走过七年之痒，001 组是如何做到的？

可以预想，以私董会模式一起走过 7 年，彼此不厌倦，对教练和企业家成员都是不小的挑战。我跟张伟俊说："做一次私董会可能不难，但是当把私董会放在 7 年这个时间尺度之下，你对这件事的敬畏心就出现了。"

一、还原一场私董会

活动从前一天傍晚就开始了。真功夫董事长潘宇海招呼先到的组员到他那里小聚，后由此次活动的东道主尽地主之谊，给大家接风。

落座后我发现，组员多数都已到场，且年龄跨度较大，从"50 后"到"90 后"都有，例如，礼物说创始人温城辉就是去年加入的新成员。张伟俊告诉我，重视"生物多样性"是私董会 001 组的一个特点，企业家成员必须来自不同行业，必须是一把手，公司年营收不低于 10 亿元，但对文创类公司和年轻企业家，可在征得大家同意的情况下，适当放宽标准。

晚宴的高潮来自仲总的回归。仲总是在两年前离开小组的，但在上次的私董会活动中，各组员商量要在以往离开的成员中投票选出一位，邀请其归队，结果仲总的票数最高。所以此次老友再聚，自是个中滋味、人情温暖。

在回酒店的路上，我问世联地产董事长陈劲松：怎么评价私董会模式？他说可以看作介于俱乐部和学校之间，介于纯玩与纯学之间。又问：怎么评价张伟俊？他说四个字——"尽心尽力"。陈劲松是001组的创始成员，见证了这7年间的变化。我问他对其他组员有什么感受上的变化，他说处久了，大家就从朋友成为兄弟。

次日上午9点，两天的私董会正式召开，无人迟到。在这方面，001组设有"自律规则"，例如，迟到者需交纳"小组活动基金"，迟到一分钟，交纳1000元；迟到两分钟，1500元；三分钟，2000元；四分钟，2500元……以5000元为限。

既然是具有纪念意义的第7年最后一次活动，张伟俊先简要回顾了历程及001组的特殊性：伟事达国际的首个全国性小组，首创"两天制小组活动"——美国的私董会小组多为同城组织，每次活动一天——然后再次欢迎仲总归队，同时祝贺两位组员陪伴大家走过五年，参照阿里巴巴的说法，这被称为"五年陈"。

张伟俊重申了伟事达的核心价值观"信任、挑战、关怀、成长"（见图B-1），落脚点是成长，以及001组自创的"四项基本原则"——平等、民主、透明、保密，关系上两两对应，既要平等也要民主，对内透明对外保密（见图B-2）——张伟俊鼓励大家对价值观和原则发表意见。

图B-1　伟事达的核心价值观

图B-2　伟事达001组的四项基本原则

我本以为对价值观的强调只是这次活动的一种特别安排，毕竟"七年之痒"不容易，甚至是专为现场观察员所做的考虑。问后才发现不是，现任组长李洪国告诉我："每次都要讲价值观，这是 001 组的常规节目，甚至就像一种仪式感。"

更让我出乎意料的是组员们的直言不讳。例如，有人马上对张伟俊本人提出了批评，原因是他去年得了场大病，没有告诉大家，这是教练带头违反价值观中的关怀原则。张伟俊解释说不想麻烦大家，所以没有说。但立即有组员指出，"朋友就是用来麻烦的，情感是从添麻烦开始的""以后再有组员动手术时，外面应该有我们的两个人"……在谈及价值观是否落地时，崔维星和潘宇海直言不落地，需要更多具体举措。

整个交流充满了批评与自我批评的味道，很直接，包括对教练也是如此，这是我来之前怎么都没想到的。

进入正题，两天的私董会主要有三块内容安排：第一天上午是"生命轨迹图"和 2017 年的个人目标分享；第一天下午是转型升级下的专题研讨；以及第二天全天是针对东道主企业发展问题的私董会，相应的私董会议事规则主要在此处体现。

1. 生命轨迹图

画出自己的生命轨迹图，是这次一个特别安排。张伟俊建议，"高峰、低谷各 4 ～ 8 个"；写下各峰 / 谷处的"益处 / 意义"；先分小组分享，然后每组派代表分享。

这种安排显然有其用意。所谓"使人成熟的不是岁月，而是经历"，人是由经历所成就的，起落处的反思最能催人进步。此后，张伟俊逐一公示各组员之前写下的"2017，我的小目标"，接受其他人的质疑、监督和考核。例如，是否符合目标设定的 SMART 原则？具体监督人是谁？而教练自己的目标和行动计划也在其列。

2. 专题研讨

下午的专题研讨偏宏观，即在转型与升级背景下，企业一把手要做出怎样的选择？主要围绕两方面的话题展开，其一是商业模式与战略，其二是组织与企业文化。如此进行两轮分享，每个人相继发言。与一般的相互交流的不同之处在于被严格执行的计时制度，张伟俊用 PPT 显示出倒计时提醒。

这被视为私董会的规矩。平时一把手在公司就像是皇帝，说起话来经常滔滔不绝，也没有下属敢打断，但在私董会，每个人的发言时间都有限，教练和其他组员会阻止你超时，例如在 001 组，"一般性、常规性小组交流，发言一般以 120 秒为限"，因此讲话时必须快速组织逻辑，抓要点。这种一视同仁的规矩，也是一种平等的体现。

有意思的是，第一天晚宴，当 001 组组员讨论起企业家群体经常面对的生活困扰时，也要举手表决哪个议题需要深入讨论，同样也会被打断，以让每个人都能有发言的机会。结束后组员各自安排，或一起健身，或小范围聚会，对于两月一次私董会中唯一的空白时间段，自然也是组员们相互交流、联络感情的机会。

3. 东道主私董会

重头戏是第二天的东道主私董会，一整天，上午是东道主介绍情况，接受大家的提问，并且要询问东道主的下属；下午是针对东道主公司的问题，各组员进行分享与交流，给建议，以及每人谈谈对自己的启示。会议开始前，张伟俊再次强调"保密"原则，所有具体会议内容不得在任何情况下对外传播，采取零容忍态度，并请包括观察员在内的所有成员签字承诺。保密是私董会的基石。

东道主介绍情况的环节，围绕以下主题展开：① 个人和家庭简介；② 公司的历史、现状及未来；③ 自己做得最得意和最失意的那 10%；④ 感觉本公司最值得同学们学习、借鉴的那一两点；⑤ 感觉自己最需要得到同学们帮助的那一两点。

询问下属方面，除了要了解个人情况及其负责的工作内容，提问主要聚焦于三方面的问题：一是公司眼下状况，二是公司未来发展，三是如何评价老板。同时请一位有经验的组员掌控此环节的流程和进度。

此次我们在东道主离场的前提下，询问了人力资源副总、供应链负责人及内部孵化出的子公司的总经理。有不少很直接的问题，例如，加入公司是基于对事业更有信心，还是对老板更有信心；老板的优缺点有哪些；什么样的人更容易跟老板合作；以及给老板的建议等。

议程安排
- **先问背景，再问专题**
- **先集中在"得意的 10%"，让我们大家受益**
- **再集中在"失意的 10%"，尽量帮到东道主**
- **分析、定性**
- **分享、交流**
- **建议、支招**
- **行动承诺**
- **各人启示**

一整天交流下来，信息密度很大，东道主也反馈很受冲击，要好好消化一下。同时在整个会议中，私董会三段论的特点体现得很明显，即：① 提问，② 定性，③ 建议。在提问过程中，不要对问题进行定性与建议；在定性过程中，不再提问，不给建议。

这一安排在一定程度上确保了议程的有序和议题的深化。在对组员的访谈中，金轮股份董事长陆挺谈道："我始终的观念是，问题没弄清楚，不要往下走。而且最后要做很清晰的描述，然后跟东道主确认他内心深处是不是这个问题。如果他不认同，我们的会议再往下走就没有意义。"东方鑫源董事长龚大兴也有类似的观点："私董会的方法是非常有效的，我现在开会几乎全是这套方式，先提问，再定义，最后支招。以前我们开会，习惯一上来就支招，但那是错误的，私董会方法的重点是提问。"

但整场私董会下来也有许多不足，例如，有组员反映时间太短、深度不够，还是没把真正的问题挖出来——"现在最大的问题是没有把一件事情说透""目前是有量无质，或者说量太多，质不够""许多次讨论马上就要进入高潮了，结果就结束了"——对此，我也多少感同身受。同时多位组员也跟我谈到，此次私董会就是001组的正常状况，或称平均水平，更好或更差的情况也都发生过。

等所有组员相继离开后，我跟张伟俊谈道："这次对私董会有了客观的认识，我的调研心态也需要做调整，本想来发掘一个光辉的标杆，但更难得的是，得到一个真实的样本。"张伟俊表示认同。"私董会到了第7年，许多事情才刚刚开始可以做了。"他如是说。

二、私董会之于企业家的意义

私董会究竟能给企业家带来多大的价值？答案见仁见智。从001组组员反馈来看，这些年有人加入私董会，也有人离开，总体上1/3的人觉得收获非常大，1/3觉得还可以，1/3觉得收获并不大。但之所以目前还愿意参加私董会，始自其定位与众不同。

首先是与传统商学院教育不同，私董会的学习交互性更强。001 组现任组长，泰德煤网董事长李洪国谈道："商学院教育是标准化的，是重视知识逻辑的，但私董会是个性化的，彼此之间的学习更多强调的是自我感知。当组员间关系走得足够近，透明了之后，你看别人怎么做的，就一定要能找到自己想要的东西，但不是照搬照抄，因为每个企业的情况不一样，每个人的风格也不一样，你得转化成你自己的东西。从我的个人体会来看，每一次都能找到我自己最想要的东西，但是需要内化。"

我追问："如果商学院教育与私董会模式结合，是否更好？"

李洪国直言："意义不大。因为我们不只生活在私董会里。尤其互联网时代，知识性的、案例性的东西，变得更容易得到。反而这种亲身的、真实的交流很少。"

其次是俱乐部组织不同，由于对小组规模有严格的控制，对组员资质有苛刻的要求，且有一套完整的活动规则，随着时间越长，相处越久，私董会组员间的交流就越深入。001 组的七年组员陆挺认为："私董会最大的好处是它可以是一个终身组织，只要别被同学淘汰，私董会在机制上是大家可以在一起很长时间的组织。"

最后也是最重要的，私董会可能尤其适合企业家群体。许多组员都谈到一个共性问题，就是企业家作为创始人，长期处在一个同质化的环境里，除了了解自己创办的企业，对其他企业的了解还不如职业经理人，而在私董会可以看到外面的世界；同时，企业家作为一把手，在公司内部很少被挑战，但私董会就不同了。"听到批评会感到不舒服，但你会被触动，也能从别人身上看到自己的问题，像镜子一样被照出来。"有组员如是说。

"照镜子"也是我跟组员交谈过程中，最高频出现的两个关键词之一，关乎私董会的价值性；另一个关键词就是"兄弟情"，关乎私董会的持续性。

由于 001 组的持续时间较长，成员又相对稳定，各种变化就自然而然地发生了。几位组员讲了相似的故事：最初加入私董会时觉得特别有意思，但三年后，新鲜感就会减弱，而且同学间的关系也在发生变化，刚开始以东道主为靶子抽丝剥茧的时候会很有快感，因为剥别人很爽，剥自己难，但几年后这种快感也没有了，接下来就要追求深度，找到新的价值点，而且要带上教练一起成长。

企业家学习形成的区分如图 B-3 所示。

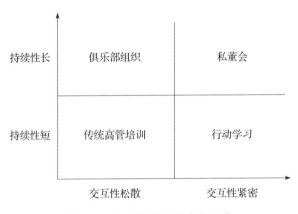

图 B-3　企业家学习形式的区分

001 组找到的答案是"兄弟情"。组员潘宇海说："001 组发展到今天也经历过一个痛苦的过程，彼此间从示强到学会示弱，逐渐升华为兄弟情，现在变得无所不谈，事业、家庭、个人生活，等等。"这种变化可归纳为以下三方面。

1. 学员的变化

张伟俊告诉我，001 组成立至今的 7 年间，主动或被动离开的有 20

多人。但从组员的反馈来看，这种变化并不明显，大多数时间关系稳定，只是在 2015 年做了一次集中变动，而且是教练主动提出的。

"发展到第 5 年的时候，每个人的感受不一样，有的人觉得非常好，也有人审美疲劳，觉得私董会是鸡肋。所以伟俊就采取了一个比较激进的做法。"李洪国介绍说。

当时张伟俊决定强行解散小组，如果要继续的话，需同时满足两个条件：一是小组要继续存在；二是张伟俊继续做教练，否则就不是 001 组。结果 18 个人里面，有 17 个说要继续。但这就需要找到继续相处下去的理由，和谁相处？如何相处？

据张伟俊回忆，有一次小组活动是在俄罗斯西伯利亚，返程航班是凌晨 1 点半，结果大家就在机场里从 10 点半讨论到 1 点钟，直至登机。后来重新确立规则和组员标准，差不多折腾了一年半、两年，组员人数从 18 人减少为 12 人，逐渐又变成今年的规模。

2. 内容的变化

不过经此事件，留下来的组员更加珍视私董会的价值，并对 001 组的"可持续发展"达成共识，其中首先就是要坚持伟事达四条"核心价值观"和 001 组"四项基本原则"。

"001 组发展到五年后要升级，是要往'平等—民主'和'透明—保密'这个方向上升级，这背后我们给它冠了一个词叫'兄弟'，深层次是关怀，我们希望往兄弟情的方向上来发展。"

"组员标准方面，一方面是弱化企业规模，这也是平等的体现，但另一方面是强化对企业家的要求，要找到那些能挑战行业未来的，能把企业带到更高成长阶段的企业家，尽管私董会关注的是企业家的个人成长，不可避免地要关注每个人的生活、健康，但作为企业家，最重要的还是野心和进取心。"李洪国谈道。

同时，001 组也创建了自己的特色活动，例如"见习董事长""危机处理"等。所谓"见习董事长"指的是，到另一组员的企业里待 2 ～ 3 天，跟该组员形影不离，无论是处理公务、会议，就像该公司的董事长一样，共同面对企业当下遇到的难题。毫无疑问，这种高度的信任和透明很容易拉近组员间的感情。而危机处理也包括担任小组内成员的遗嘱执行人，这被视为落实兄弟情一个很重要的方面。

在 001 组早期的活动中，也曾邀请学者、企业家做分享，但目前每次的活动主要是围绕着东道主企业开展，这叫"1+N"模式，每次的核心议题就是东道主私董会，即"1"，然后再辅助其他几个小的问题研讨，即"N"。李洪国谈道："我们现在已经不请人来讲课了，时间不够用，单是想吃透我们每一家企业，这条路就很长很长。"

曾有学者指出，私董会的议题通常由所有人表决选出，最终被选中的议题往往大而全。譬如，"企业到底是做大还是做小"，而"公司如何对待一个工作 5 年的员工"这样的话题很可能会落选。但从 001 组的实践来看，已演变为基于组员，而非基于话题的模式了。

"投票的方式可能主要是第一次做，第一年做，我参加的最近四年基本上都是东道主私董会。"龚大兴说。

3. 关系的深化

与学员的变化、内容的变化相对应的是关系的深化。

"为什么要强调兄弟情？"我问李洪国。

"因为经历了这中间的 2015 年，留下来的成员就想更好地做私董会，往深里面做，那就要找到大家共同的痛点，后来我们希望往兄弟情的方向上发展，我们认为这是企业家更大的痛点。企业做大之后，企业家内心往往是很孤独的，是缺兄弟的。而事实上，我们每个人能做的事是非常有限的，如果能有一个兄弟协同一下，力量就大得多。再比如有些事是你永远都做不到的，比如你的身后事，而私董会的兄弟跟你没有利益关系，又真正靠谱，能够指望得上。这些都是兄弟情背后的含义。"对方回答。

而我也注意到，001 组成员关系间的变化似乎也体现在对教练的态度上。相比于其他私董会小组常把教练当老师，张伟俊更像是组内的一分子。"你要是三年以前来，他们对我的态度可跟现在不一样，现在教练是出气对象、调侃对象，表现上看起来是不把你当回事，实际上心理距离是近了。"张伟俊向我解释。

对此，李洪国谈道："现在 001 组正在走入个性化，前几年它更像是一个标准版的。但发展到五年之后，001 组再生了。我们也有过'相敬如宾'的阶段，但现在已经过了那个阶段，是兄弟情了，伟俊也成为兄弟的一分子。"

"未来可能也会有一些私董会小组朝这个方向走，但需要内部的力量，需要团队的力量去推动，需要大家达成共识。我们走过这一纠结、反复的过程。"李洪国建议。

三、教练之于私董会的影响

在跟组员交谈的过程中，教练张伟俊显然是最常被提及的那个人。事实上，私董会发生的每件事的背后几乎都有教练的身影，事前沟通、会议组织、现场调节等，况且，许多组员之所以加入 001 组，就直接与对教练本人的信任和欣赏有关。

至于教练对私董会究竟要发挥什么样的作用，什么样的教练才是好教练，比照张伟俊的作为，不同组员也给出了不同的答案。有意思的是，当我拿着这些答案跟张伟俊讨教时，却看到了硬币的另一面。

1. 教练的优点

对教练的正面评价，主要集中在两个方面：一是在教练技术上，恪守私董会的原则，按流程主持会议，强调价值观的重要性，同时每次活动都格外用心；二是在教练风格上，有组员评价张伟俊的标签就是"无痕"，极少表达自己的观点，"他擅长引导别人发挥，这方面察言观色、掌握时机的能力很强"。

有组员谈道："像伟俊这样做教练，应该是符合私董会的本意的。他是一个秘书，是一个组织者，因为私董会就是让大家学习的。许多教练都把自己当成了传道授业解惑的角色，替大家读书，帮大家找到各种理论和最佳实践。大多数教练都是这样，但伟俊不是。如果是通过教练来学，就是传统商学院模式，不是私董会。"

2. 教练的不足

优点的反面就是缺点。也有组员指出："伟俊就是太注重流程性，但现在私董会要从注重广度往注重深度上走，程式化的东西就要改一改，以前是从无序到有形，流程是必要的，现在是从有形到无形，但是是有序的无形，就不能太守流程了。"

不同组员谈道："伟俊可能是所有教练中最没主张的一个，但我们对他批评较多的就是，他还是应该多一些主张""的确应该让学员多交流，但教练关键时候要决策""伟俊是没有结论的人"。

"我始终挺奇怪，以我对伟俊能力的了解，他看问题看得比较清楚，但为什么总是不愿意发表观点，带大家走得更深一点？"有组员如是说。

3. 教练的心思

有些出乎意料的是，张伟俊对这些批评也是清楚的，他说自己经常处在两难之间："有同学说我应该多说，也有同学说我太啰唆；有些人说我应该表达观点，也有人说不应该；当你说了一点观点，大家就期望你再在另一点上也要说。私董会的老板们是很挑剔的一群人，有些人对你还算满意，但也有人很失望。"

不过跟张伟俊交流下来，我倒发现他经常在坚持一种"不合理的合理性"。例如，明知每次花时间讨论价值观和规则都有人嫌烦，但仍要做；明知超时打断发言会导致讨论不充分，但仍要做；明知许多人希望你做决策，但就是不能做。

"因为有短期效果和长期效果。短期看是你得罪了组员；长期看可能有利于小组发展。"张伟俊解释说。

这种分寸感的拿捏是最难的。例如，组员要求平等，但私董会里有没有企业大佬又是吸引其他组员加入的重要考量之一，来了之后又特别想听大佬发表观点，但时间长了就会觉得不平等。因此想做到绝对意义上的平等几乎是不可能的。但这种"必要的张力"也许正是私董会能否持续下去的重要原因之一，诸如组员之间的和而不同、生物多样性，组员之间的既熟悉又有新鲜感，以及教练要在支持与挑战之间把握一种平衡。

四、回到私董会的初心

私董会结束后，我跟张伟俊进行了一次长谈，我说参加此次会最大的感受就是"去魅"。所谓"去魅"指的是借由对客观事物的了解而去神秘化、神圣化的过程。许多人之所以夸大或矮化私董会的作用，甚至一窝蜂地追赶流行，其实是因为不了解。

尽管私董会是最近几年才在中国兴起的企业家学习的新模式，但所谓"太阳底下并无新事"，对做企业的人来说，相互取经显然不是一个很难想到的主意。

从管理学发展史来看，早在 20 世纪 20 年代，差不多 100 年之前，英国管理运动的早期实践者朗特里与厄威克就希望能够发起一种有效交流管理经验的组织形式，之后面向不同产业领域的制造型公司的高层管理者，创立了管理研究团体（management research group），并按照成员公司的规模，把团体分为三种小组，各小组最初有 8 ～ 10 个公司加入，按大（雇员 2000 人以上）、中（雇员 500 ～ 2000 人）、小（雇员 500 人以下）分级设立，以便维持公司之间良好的可比较性。同时，为了保证经验交流不受阻碍，加入的企业不因信息沟通而受损，各组要排除在同一领域相互直接竞争的公司，而且小组活动严格保密。

这些规则跟目前的私董会模式相比，可谓在逻辑上非常相似，甚至，私董会模式最初创建时的宗旨和愿望，听起来都像是同一个故事版本：1957 年秋，美国威斯康星州的 Milwaukee Valve 公司，罗伯特·诺斯的 CEO 办公室里来了四个人，他们都是其他公司的 CEO，与罗伯特是私人好友。五人年龄相近，所在企业的规模也相差无几，他们总是定期聚会讨论一些问题。这次几个小时下来，大家都感觉很好，不仅解决了企业问题，而且找到了心灵的慰藉。于是罗伯特就想，能否把它做成一门生意，帮助更多的企业家？于是，此想法催生了一种新的高管发展模式，并不断发展成了今日的伟事达公司。

从一种私下的、自发的定期聚会学习，发展出一整套的议事规则、教练技术，然后不断打磨，建立商业模式，最终造就出全球领先的领导力发展机构，这让人不无感慨美国人的创新能力之强。但事物的发展总是演化的，长期下去就会产生新的目的。

随着私董会日久，组员间相互熟悉，感情愈深，大家的关注点也从探讨企业问题，交流管理经验，逐渐转向了关注个人成长。用张伟俊经常挂在嘴边的一句话就是：join as a CEO，turn out to be an excellent person.（来的时候是一个 CEO，离开时是一个更杰出的人。）

我问张伟俊，做私董会这 7 年，每次都要安排活动，有没有形成自己的模式或套路？他坦言说没有，每次都要挖空心思想出新的点子，调动大家的积极性，让组员们觉得有趣、有意义。

"这样做下来，没模式反倒是个模式，"张伟俊说，"但有一个主题一直没变过，一直在深化，就是领导力——企业做得好不好，关键在'我'，在企业家本人。但这个道理光讲是没用的，要去经历和感受，尤其是'负面情感体验'，才能有所触动，就是大家所说的'照镜子'，然后悟明白一些关键的问题。刚开始加入私董会，许多人的目的就是把业绩搞上去，但后来逐渐清楚，人生的逻辑重于商业的逻辑，做商业实际上是在做自己。"

实际上，私人董事会常见的英文原名 peer advisory group 非常朴素，直译过来就是"同伴顾问小组"，与"私人""董事"均无甚关联。现在的译名显然更易于推广和传播，但遗憾的是，它的本来面目却不再清晰了。

从最初的定位来看，私董会能为企业家解决的问题是有限的。这一模式是因友情而起，定期聚会学习，是从感性到理性的过程。而当私董会发展到第 7 年，成员间的关系逐渐从同学情发展到兄弟情，从理性回到感性。某种意义上，也可以说是回到了私董会的初心。

001 组的五年组员，晨光文具总裁陈湖雄认为："企业家能否在私董会里有所收获，跟每个人的期望值有关。企业家总是需要不同的空间，工作的、家庭的，私董会就像是企业家的第二或第三空间。"

最后我问张伟俊：如何看待私董会的中国创新？他认为目前提模式升级还为时尚早，更重要的是把现有模式能够发挥的效力充分释放出来。

"把组员互相间的作用发挥到极致，就是私董会。"张伟俊如是说。

十年磨一剑[⊖]

——"私董会 001 组"七月活动现场纪实

01

"人生不幸，遇到伟俊。"

——马存军

　　7 月初的一个周末，广东的一家五星级酒店门口站了一帮吵吵嚷嚷的人。其中有个人嗓门挺大："因为半年没见到伟俊，大家都成功活了下来！"其余的人哄然大笑，纷纷附和——"对！""没错！"

　　一片哄笑中，被叫"伟俊"的人好像并没有什么窘迫之态，反而一起笑得挺自然可爱的，转头叮嘱现场的秘书："洗手液带了吗？每个人

　　⊖　本文发表于《中欧商业评论》，2020 年 9 月刊，作者：蒋晓捷、王靖怡。

都涂了吗？"

　　这群人，就是"伟事达001组"的成员，近20位销售额从几十亿元到几百亿元民营企业的创始人、掌舵人。张伟俊，是这个私董会小组的教练（虽然他自己更喜欢自称为"陪练"）。这是疫情稳定后，001组的第一次线下活动，距离这群原本每两个月定期聚会的私董会小组上次见面聚会，已有7个月之久。

　　为期两天的活动从一顿大排档夜宴开始。广府的美食慰藉了我们的胃口，但没有解开我们的困惑：这么些个有头有脸、极具个性的人物组成的团体，怎么就维持了十年？

001 小组参访途中

02

"绝望之谷，愚昧之巅"

　　伟事达001组开始于2010年初，是私董会刚进入中国时，公认的最早建立的私董会小组，这个小组最早期的成员是第一批"吃螃蟹"的人。掰着指头数数中国超过 7 年的私董会小组，大概不超过 10 个。

十周年，加上憋了半年没见面，使得这次为期两天的小组活动有了一些额外的特殊纪念意义。一开场，张伟俊说要增加一点"仪式感"，便大声道："各位兄弟，早上好！"老板们围坐一圈，照着屏幕上打出的大字一齐吼道："好！非常好！终于见面了，真好！"场面在热烈之余，确实又有些滑稽，让人有些忍俊不禁。

张伟俊翻出了 10 年前小组第 1 次活动时的 PPT，做了简单的回顾，紧接着是 001 的"老人们"登台。

第一个接受"授勋"的是真功夫的创始人潘宇海，小组的"五年陈"。他说从第一次参加活动以来，自己没有缺席过一次："001，就是有个好教练，有帮好兄弟，有份真感情。5 年里，有时候你看着别的组员，这个增长 30%，那个增长 50%，另一个突然翻了一倍，你心里就会有点自卑，觉得要加油啊。也有自我感觉良好的时候，洋洋得意，越得意，越接近愚昧之巅，马上就要跌进绝望之谷，这个在咱们小组样本很多啊。"听到最末一句，组员们会心一笑。他的这个表达也引起了我们的兴趣，什么叫"愚昧之巅"和"绝望之谷"？

没想到，接下来几位"长老级"组员的分享，都和这个话题多少有关。

赵忠尧在小组待了 10 年，他是 TCL 多媒体的前首席执行官，他说了自己这 10 年翻天覆地的变化，坐了几次"过山车"，经历了三大转变，一是自己从职业经理人到老板的转变，二是从"穷人视角"到"富人视角"的转变，三是从"领导"到"教练"的转变。

而另一位 8 年的组员，则一开口就说："在私董会小组，把公司搞没了的，说的就是我。"他是颜艳春，他创建的那家在美国上市的公司在几年前被某互联网巨头恶意收购。他对小组的两次集体游学印象深刻："当时在贝加尔湖，我和辉辉（温城辉，礼物说创始人，小组唯一的"90后"成员）睡一个帐篷。同一个帐篷下，一个在'疗伤'，另一个在'高潮'。后来南极之行，让我找回了点魂。我是丢了几年魂的，大家都知道。那时候像歌里唱的'越过山丘，无人等候'。现在发现，下到绝望之谷的时候，才能重新出发，找回自我，下个高峰，敬请期待！"话到此处，他的眼眶微微发红，整个小组爆发出掌声。

左起：赵忠尧、陈劲松、张伟俊

什么叫"愚昧之巅"和"绝望之谷"？

据说，这个说法是由组员李洪国在几年前的某次分享时引入小组的，来源于一个叫作"邓宁－克鲁格心理效应"的模型（见图C-1），也叫达克效应。它描述了一种自我认知偏差的现象，站在愚昧之巅时，个体处于"不知道自己不知道"的盲目境地，容易跌入陷阱、受挫崩溃，进而进入绝望之谷，才能重新吸收知识和经验，走向开悟之坡。

我们的惊讶在于，一个这样的自我认知的模型，竟然成了一种他们共同的话语体系，这群民营企业的"土皇帝"，在这样一个私董会的场域下，居然能够这样坦诚示弱、暴露自己。

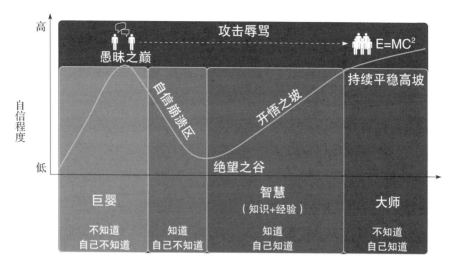

图 C-1　邓宁－克鲁格心理效应

伟事达国际近几年特别提倡一句话："Demonstrating vulnerability, stretching comfort zone."他们把它翻译过来是："暴露自己脆弱的一面，示弱；突破自己的舒适区，自虐。"他们更为强调的是伟事达的核心价值观"信任，关怀，挑战，成长"以及 001 组的"四项基本原则"平等、民主、透明、保密。

十年来，据说每隔一两次，他们都要在小组活动上复习这几个词，作为提醒。整个私董会小组十年的轨迹，正是以此为底色，由每个成员人生起伏的曲线拼合而成。

03

"就是要生物多样性"

第一天上午的"正餐"是"兄弟间的交流"，主题是：我眼中的中国/全球政治和经济。在正式开始交流之前，教练张伟俊先给大家看了一组照片，为的是提醒大家分辨，什么是"事实、观察"，什么是"观点、看法"，什么是"信仰、立场"，以避免交流限于观点、立场之争。

在疫情引发的国内外政治经济动荡和变局的背景下，这些大企业的一把手，从他们各自的信息源谈自己所知的"事实、观察"，都有太多可说的。

出于私董会的保密原则，我们不便透露他们分享的具体内容，只能说颇有"大开眼界"的震撼感。这种震撼源自001组颇为自豪的"生物多样性"。这群企业的一把手来自不同的行业，具有大相径庭的个人风格、成长背景乃至信仰，每个人都代表着一片他认知的"部分世界"。

用此次东道主廖创宾的话说，这种多样性意味着，帮助所有人能够"站在更高的视野来看问题"。生物多样性带来视角的多样性和信息源的多样性，能够把私董会这种"透过别人的眼睛看世界"的价值发挥到最大。不仅仅是信息的交换，也包括看到他人成功或失败的管理经验，嬉笑怒骂中，都是珍贵的互相学习。

对这样一个私密性、归属感都非常强的小组来说，每一个新成员的入组，都要经过一个复杂的历程。

拿最近加入小组的一位母婴行业的新组员举例。首先，教练张伟俊要见面跟他谈一次；其次，这位新组员跑了三个城市去跟三位老组员聊，进行"多轮双向面试"；最后，新组员加入的消息要在群里公示10天，大家没有反对意见才算通过。

第一次参加活动时，新组员要进行自我介绍，他受到了大家的调侃："请你说说，你如何为我们小组贡献'生物多样性'？有什么别出心裁的东西？年龄、经历、性别，都可以。"很多组员都曾在这个话题上绞尽脑汁，说出一些"不为外人道"的自身经历，比方说小时候曾经历被送到太平间里又被捡回来，是组员中唯一有过两次婚姻经历的，是唯一信仰基督教的，诸如此类。

新组员在台上抓耳挠腮，张伟俊继续给他"下绊子"："说不出来的话，那就只能请你走了。"为难了一圈，最后才点出，这位新组员在小组中一定是最了解"母亲和孕妇"的，这个视角一亮出来大家都服了，这才算是正式被接纳入了小组。

这样被刻意组合出的生物多样性，让小组成员在这里必然要经历不同价值观的冲突和互相的妥协。很多企业家在自己的公司是"一言堂"，但到了小组里，互相平等的关系决定了"谁下结论都会被人挑战"，你也必须尊重他人的表达和发言。

他们提到王石在阿拉善做第二届主席时的例子作为印证：在一个大佬云集的慈善机构而非万科系统内，他学到的最多的两个字就是"妥协"。老板们在小组里能培养出一种更加开放的平行思维模式："我来听听其他人怎么说的，还是蛮有意思的。"

听起来小组成员构成上设计得天衣无缝，但我们却注意到，在这个如此强调"生物多样性"的小组，组员居然是清一色的男性——半个女性成员都没有！这未免有些令人费解，难道女性企业家的视角不是多样性的重要组成部分吗？

问了几位组员才知道，本来是有女性组员的，但几年前特别定了个新规则：不要女的。教练张伟俊刚开始不同意，但还是基于"少数服从多数"的原则，不得不通过了这个规则。问他们为什么不要女性，原因也直白简单："男的在一起说话可以放肆点，有女同志在，就得憋着，很难受。"两天里他们时不时地开起"冯仑式玩笑"，确实有些女性不宜。张伟俊于是妥协了：我就从了吧。

04

出言不逊，但循规蹈矩

他们能有多放肆呢？确实是挺口无遮拦的。"冯仑式"玩笑挂在嘴边是一面，另一面是互怼起来，也毫不嘴软。

据说曾经有个被"怼走"组员，在私董会上被扎惨了，说"这辈子没受过这样的气"，愤而离席，三四年后才选择重新加入另一个私董会小组。

新势力"90后"成员、礼物说的创始人温城辉也一度感觉自己势单力薄，不仅没有成功地带给大家"互联网思维"，而且进了这"大染缸"，他感觉自己的"90后"特色要不了多久就会丧失殆尽，所以准备逃跑。他的一番讲话让这群珍惜这位"后浪"视角的老大哥们好好反思了一番，但成功挽留他的时候用的却还是激将法："这点力道就担心被影响了，那辉辉你也太脆弱了。"

不仅组员之间毫不客气，教练也不能幸免于难。

这次私董会提问环节，按照规则是轮流向案主提问，一位组员问完之后，另一位已经发问过的组员又跟着追问了一个问题，张伟俊没有干预。马上有人拍案而起："可以这样问的吗！"立即有人接着挑衅："伟俊在坏规矩！"张伟俊有时只能示弱："我也不是神仙，我也会犯错嘛！"也有时气急，管他们叫——"这帮猴子"！

但这群"放肆"的人聚在一起，令人诧异的另一面是——纪律性还挺强。会议一到时间就开始，说九点不会等到九点零一分，外出集合的车说是六点离开，不会等到六点零一分开，没有人是"例外"。所有人必须准时。

据说有一次小组在日本活动，还是这位"90后"组员辉辉，没太当回事儿，没想到大叔们如此守时，结果那天用各种交通工具追了2个小时，才赶上大部队。

私董会现场

这次两天的会议期间，有两人交了罚金：一位是茶歇时去洗手间，晚了 1 分钟回到座位；另一位是会议期间手机响了。此类规则的捍卫用不着教练出马，总有组员兴冲冲地等着抓彼此的"小辫子"。

在会议期间，张伟俊会反复强调"有话则长，无话则短"，他要把控整个会议的时间和节奏。一旦有人表达显得有些啰唆，他比出"停"的手势示意，基本上这位组员就会在 1 ～ 2 句内结束自己的发言。

这种既要互相直接表达，乃至互相挑战、较劲，又有底层对规则的尊重与共识的氛围，并不是一朝养成的。小组建立至今也有起伏波折，甚至经历过解散危机——那是小组成立 5 年左右的时候，组员们开始有些"七年之痒"的感觉了，于是到第 6 年，在一次成功的小组活动上，张伟俊来了个突然袭击，宣布小组原地解散。然后他给大家 3 个选项，要一周内，分别单独打电话"表态"：

A.大家好聚好散，互相给面子

B.小组保持，把教练撤了

C.这些人待在小组里，教练不换，大家一起继续走下去

结果是 18 人中 17 人表示要留在小组里，教练也不能换。同时他们也提了一些要求、条件，随后把 17 个人优化到了 13 个人，不要女性成员的决议也是当时形成的。最终"解散"失败，教练也没换，大家决定小组要继续。自此存续到了 2020 年，续到了今天。

我们说这是一群我们见过的最放松，同时也是最自律的老板。张伟俊听了有点得意："守规矩是个潜移默化的事情，他们在这儿建立了规则意识，也会自觉不自觉地带回自己的公司。"

05

"私董会，为'私'（人）不为'公'（司）"

刚进会议室时，我们注意到门口放着一只体重秤，在正式的会议空间里显得有些突兀。再看，不单是一只秤，秤的正上方墙壁上还贴了一张表，列着每位组员的名字，要他们给自己的工作、生活打分，并且记录体重。

组员在填写表格

"十年前第一次小组活动的 PPT 上就明确写着：'中国企业家是一个短命又多病的群体，同意吗？'我们小组的成员想比其他企业家多活十年。"有组员如是说。十年的历史记录被保留着，如今秘书依然会每周跟进，其中分数特别高或特别低的，都会引起关注。

两年前开始，小组形成了一个新习惯，大家会把各自一年"健康、工作、学习、家庭"四个维度的目标在小组内分享，比如：

- 体重保持在 63 公斤或以下。
- 每周"当晚入睡"不少于 5 天。
- 每个月精读一本书，并写读书笔记发给伟俊监督。
- 每个月保证喝红酒少于 400 毫升。

…………

然后结成互助的小小组，秘书跟进，互相监督，定时打卡。东道主廖创宾说："加入这个小组，你是要探索怎么做一个更好的自己。"他依样画葫芦，在办公室做了一个管理工具，来跟踪自己每一天"有没有快乐工作"。这样跟踪了一年，颇有成效："以前下属看到我像看到鬼一样，现在我每次觉得自己要发火，基本能控制情绪。对方其实都能感受到，现在他们看到我不怎么紧张了。"

根据惯例，这两天活动的主线之一是东道主向同组兄台们请教他最关切的问题。廖创宾带领公司先是经历了顺风顺水的十五年，又经历了相关多元化扩张经营折腾的十年，提出的两难是回归主业还是继续多元化探索，接下来的道路怎么走。"上市公司就该每年有百分之三十的增长"——组员们拿着同一组问题对三位核心高管一阵盘问下来获得的信息，问出了东道主内心的卡点。去掉了这一层障碍后，背后是这家公司掌舵人内心深处最想要去的方向。为什么一定要做得规模很大呢，做一个利润很高的公司不好吗？

廖创宾的"每日三问"

由于时间紧凑，议题讨论后还有最后一顿晚宴，接着大家各自回程。我们后来才看到张伟俊的 PPT 最后几页有一句话："我们为各位兄弟的个人成长服务，我们不（直接）为企业'做大做强'服务。"他坚持："重要的是帮私人成长，帮私人有幸福感。他的商业活动和个人内心和谐了，他的企业也和谐，家庭也和谐，社会也和谐了。人生的逻辑重于商业的逻辑。"

尽管如此，也有不少组员觉得这一场讨论还不够尽兴。张伟俊也深感遗憾，他觉得这次下午少了 1 小时，下次一定补上。

06

"我是陪练，不是教练"

市面上流行着一种说法："私董会解决问题有特效。"于是我们问张伟俊，你们小组这十年来究竟解决了哪些问题？他笑得有点诡异："这十年，我们好像没有在私董会上解决任何问题呀。"那为什么老板们还愿意持续地参加呢？他如此解释：咨询有咨询的专业，猎头有猎头的专业，而我的专业是"私董会"。体检机构有体检机构的活儿；医院有医院的活儿。私董会，就是帮助老板照镜子、提升自我意识。此外还要说有什么作用的话，一个就是在情感上的抱团取暖，还有就是通过多样性，"思考多一个维度"。

陈劲松，001 小组的 001 号——小组的第一位成员，是这么看的："你说靠私董会治病，立竿见影？未必。私董会这个事儿，是时间的玫瑰，日久情深，给你心灵的慰藉、珍贵的亲情和友谊。在这儿，新的思想有，兄弟之间的关心有，互相提醒也有。作为教练，伟俊不是治已病，而是治未病，他不给你答案，从来都是让'你自己看着办'。"

他加入小组，因缘是十年开始之前，张伟俊就已经为他个人做了几年教练："一开始哪知道私董会是什么玩意儿，完全是因为给面子。"

对张伟俊来说，小组的成员是这样一种存在："当我躺在手术台上的时候，我的手术室外一定会有我们小组的人陪伴。"他说，进入私董会这个行当，要学习的东西不是很多，短时间就能上手，但是做好不容易，要提升是一辈子的事。而带领一个私董会小组，是一场"永远打不赢的战争"。

他现在的目标是：70% 的人打 70 分，就很满意了。经常能比"前一次更好"，就不错。因为如果你想要 90% 的人打 90 分，另外 10% 的人就会非常不满，大家太不一样了。此外，就是相信集体的力量，相信过程的力量（believe in the process）。

他认为相比所谓的"教练"，自己现在更像"陪练"的角色——"陪伴"，是特别重要的，或者说，像陪着打高尔夫球的"球童"。好的球童熟悉球场，跟着好的运动员练习，跟着下场，有时能够给到一些好的意见——"看着是在旁边背包，其实是陪伴他，起一点很微妙的作用"。

之所以老是说自己是球童，一来是为了提醒自己是什么角色，别沾染了土豪们自以为是的习气。二来，他有些调皮地笑起来："你见过老年人当球童的吗？这么说着说着，我也觉得自己年轻了。"

现任组长陆挺说："伟俊是个典型的上海男人，计较，较真。这种较真有时候会让人很不舒服，但确实，较真了才能做成事情。"我们问张伟俊，你从事了十多年"改造土豪"的事业了，那你自己有改变吗？他笑着答道："有个十年不见的前外企下属对我说：'伟俊，你变土了。'我想，他可能是在批评我，但我把这视为表扬。"

谁来帮企业家破心中贼[⊖]

　　我估计很多人都不会想到，中国本土的第一个私董会小组——伟事达 001 组在不经意间走过了它的第一个十年，而且依然活得好好的，教练也还是那个教练。某种程度上这意味着，私董会经过前几年的喧嚣、热闹之后，并没有偃旗息鼓，而是逐渐回归到它本来该有的样子，而且也留存下一些专注于此的机构，比如领教工坊。

　　回看这十年，许多私董会组织之所以没办起来、没坚持下去，核心原因都是背离了私董会的初衷。可以说，在私董会最为风光的那几年——2014 ～ 2016 年，许多私董会组织都没有搞清楚自身存在的独特价值到底是什么？许多教练也没有想明白为什么要当教练？许多企业家赶时髦式地加入了私董会小组。于是这之后，一切都不了了之。

　　⊖　本文发表于《中欧商业评论》，2020 年 9 月刊，作者：丛龙峰。

现在可以肯定地说，私董会不是搞社交；不是办培训；不是做咨询；也不是做其他业务的流量入口；更不是一个筐，好像什么都可以往里装。凡是有上述想法的私董会组织，后来都销声匿迹了。

私董会教练也不要想着自己是专家、老师、大拿，甚至把私董会当成自己布道的场所。事后证明，这通常都撑不过一两年——你肚子里能有多少料，经得起一群企业家围着你掏？

私董会只应成为它该有的样子，它是一个"私人董事会"，更直白地说，它是一个"同伴顾问小组"（peer advisory group），与"私人""董事"都无甚关联，而是让企业家在工作与生活之外找到一群交心的朋友，遇到想不清楚的事情时能有人商量商量，哪怕只是彼此温暖。从这个意义上，私董会可以成为企业家群体的"第三空间"，它是一种选择，而且并不唯一。

但私董会所能发挥的作用，却可能是独一无二的。除此之外，我们还很难找到一种其他方式能有效地帮企业家解开心结，而且是没有任何利益关系的，通过彼此照镜子的方式，来提升自我认识，即认识你自己。事实上，企业家做选择的过程，往往不是一个客观、理性的过程，而是带有很强的主观性。你是什么样的人，就会做出什么样的事，这方面来不得半点虚的，想藏都藏不住。

企业的成长取决于企业家的成长，企业家的成长取决于思维、观念上的进步。但自我突破的过程往往就是这样：除非你已经意识到了自己的不足，并开始勇敢地走向自己的反面，否则任何外部输入都注定是徒劳的，换言之，在人发生改变之前，任何改变都不会发生。

况且，人有一些心结是很难被解开的。而就是那一点点心结，制约着企业的发展，也限制住了人生向更开阔处走去。无怪乎王阳明说：破山中贼易，破心中贼难。企业家可以点破自己下属的心中结，但谁来帮企业家破心中贼呢？

作为国内第一个做私董会教练的人，张伟俊很早就意识到，私董会的核心价值在于提升企业家领导力，而这提升的空间仅存在于其内心的方寸之地，即企业家对自己的个人定位，决定了公司定位，进而决定了公司的战略选择。张伟俊很清楚，私董会只是创设了一个场域，让企业家在其中建立自我觉察，而除此之外，多一步他都不想做，不想干预。

私董会能否在中国发展下去，瓶颈在于有多少合格的教练。伟俊可作为一个参照。伟俊选择做教练之时，已过了知天命之年，更无财富之忧，他从一开始就想把私董会当成一份事业来做，因此他很早在乎的便是，能否把私董会做长久，而不是证明自己有多牛。如今 001 组终于走过了它的第一个十年，从这个意义上，也可以说是发心决定一切。

对伟俊来说，私董会成员不是他的客户、学生，而是他亲爱的朋友；这个朋友不是用来帮的，而是用来疼的。对一位真正优秀的教练来说，小组成员所展现出的一切，所有言语、行为、背后的心态，你都要视若平常，因为更根本的，他不是企业家，而只是人本身。

伟俊曾对我讲，"理解他人是要豁出性命的事"。至少在我认识他的这些年，他是这样说，也是这样做的。几周前聊天时我说："伟俊，你是跟私董会成员完成了一场生命陪伴，你在陪伴他们的生命，他们也在陪伴你的。"伟俊说："龙峰，你说到我心里面了。"那一刻，我发现伟俊的眼眶有一些湿润。那一刻，他不再是教练，而是一个很真实的人；他同样需要被人理解，就如他的小组成员一样。

老顽童的自我觉察

感谢丛龙峰博士,让我终于在一本有"领导力"字样的书的封面上,看到了"张伟俊"三个字。龙峰为本书的出版做了许多工作,劳苦功高。他写了序言之后,嘱我写跋。想想,找不出什么理由推辞,那就写吧。

然而,好几年没动笔了,此刻,我能写些什么?突然想到,这两年,我时不时以"老顽童"自居,要不就写写我怎么成了"老"-"顽"-"童",以及这个老顽童的"自我觉察"吧。以此呼应龙峰的序言,也许是合适的。

先说"老"。我从来就没有感觉自己老,认识我的那么多人,也几乎没有一个说过我老的。甚至还有些朋友一见我面就说:"您越活越年轻了!"然而,陌生人,从几年前开始,都在从不同角度提示我:你老了。出租车司机会问:"老先生,您还没有退休呀?"景点卖门票的会提醒："60岁以上的门票5折。"我该相信熟人还是生人呢？我没有"老糊涂"，我能清醒地意识到：熟人都在"忽悠"我，虽然善意可嘉；生人，却在不经意间助我自我觉察。或许，我可以在这儿弱弱地引用一句孔夫子的话："发愤忘食，乐以忘忧，不知老之将至。"

再说"顽"。小时候，因为一直是全校的学生头领，因此在该调皮捣蛋的年龄，我被塑造成了一个循规蹈矩、少年老成的典型。至今，我还为自己作为一个男孩，从来没有与他人用拳头打过架而耿耿于怀。青年时代，由于一直扛着"书记""主任"等头衔，我又不经意地活成了一个一本正经、老气横秋的标杆。如今，作为一个"自由职业者"，无"官"一身轻，此时再不恢复我好奇、好动、爱打闹、爱争斗的天性，更待何时？

最后说"童"。在50岁"知天命"那年，我花了近两个月的时间，对自己做了一次全面系统、深入细致的心理检测和相关的"社会考察"。在此基础上，我辞去公司CEO职务，并选择在六月一日儿童节那一天，脱"胎"——去组织，换"骨"——换身份，重新做"人"——当起了自由职业者，成了一名全职的总裁教练。我期望自己能够在心理上"逆生长"：少些面具和盔甲，多些真实和透明，活出个"童样"来！

十六年，弹指一挥间。我这个"耳顺"已达六年之久的"老顽童"，现在对自己有什么样的"自我觉察"？

首先，我觉察到自己的胆子变大了。我感觉自己似乎有了点敢在"太岁头上动土"或在"老虎头上拍苍蝇"的"大无畏革命气概"了。（当然，换个角度，或许我也可以说，让一个儿童指出皇帝身上并没有穿着新装而是赤身裸体的，并不需要勇气。他需要的，只是一颗真正的"童"心，而童言无忌！）

我的"胆大"，主要表现在"挑战"上。不管是在几十、几百人的大场子上，还是在个别交流的私密空间里，我都敢"挑刺""找碴儿"，有时，甚至会用"棒喝"的方式来刺激企业界的大佬，以撬开他自我觉察的盖子。这些年来，在"圈子"里，我似乎有了"敏锐""犀利"甚至"尖刻"的名声。

具体说来，挑战的主要"载体"是发问、再问以及连环炮似的追问，而不是点评、说教或给一个定论。实际上，提问的假设前提是我无知，我没有答案，而说教的假设前提是我知道，我有答案。随着教练实践的深入，我越来越意识到自己的不足，越来越不敢下结论。以前，我的谦虚是表面的、伪装的，而现在的谦虚，是从心底里流淌出来的，是骨子里的。我现在提问越来越多，说教越来越少。尽管我的提问有时显得气势汹汹、咄咄逼人，但无论如何，我以为，询问、追问与"少见多怪""无知无畏"等"儿童特点"有关，与点评、说教等"导师特点"相去甚远。

用提问来挑战的前提，有人说是洞察力，但我更倾向于认为是"同理心"。这些年来，我感觉自己越来越理解我的服务对象了。我越来越了解他们的创业不易，越来越明白他们的志向愿景，越来越清楚他们的守业艰辛。很多时候，我能够设身处地地站在他们的角度来思考问题了。当然，确切地说，对我这个教练而言，"他们"是没有的，我的眼里只有"他"，而每一个"他"都是不同的。

我的大多数理工科出身的企业家客户，喜欢琢磨"事"，而我，则喜欢研究"人"。对人的兴趣，是我能够产生同理心、能够与服务对象"共情"的基础。我对观察人、琢磨人一向兴致勃勃，乐此不疲。我注意到，在不同的场合，一个人往往会有不同的表现；与不同的人接触，他也会体现出不同的侧面。为了服务好我的客户，我尽量争取在不同的场景中去观察他，大会、密谈、游学、应酬，我都会去；除了访谈他的直接下属，我还接触他的客户、朋友、家人乃至"红颜知己"。

各个企业的商业模式、发展战略、产品特点、业务流程等，千差万别，我一般只是大致了解一下，浅尝辄止。作为领导力教练，我认为我不需要、没必要在那些方面深钻细研。我认定自己不是也不想成为那些方面的专家。当董事长和我说着说着，就把话题的重心转到模式、战略、产品等企业的"硬"的侧面时，我会咬住牙，坚决不发表任何主观意见，而只介绍几家这些领域的咨询、培训机构给他；同时，我也会想方设法把老大拉回到团队、文化、一把手的作用等企业的"软"的侧面来，与其深入探讨。

前几个月，在一次企业的内部研讨会上，有位高管半开玩笑地问我：对那些企业最重要的方面，你都不发表意见，那我们老板要你这个教练有啥用？

我说：我有用啊，我能协助老板自我觉察。可惜，那位小哥听不懂我的话。他的脸部表情告诉我，他对我的回答很失望，甚至对我这个人有点不屑。

对类似情况，我现在已经能够坦然接受；不舒服感或异样感，最多只延续三十秒。因为，我已经深刻地意识到，自己对于企业的"硬"的那一面，就是不那么喜欢，就是提不起激情；我的兴奋点，都在老大身上，都在企业的"软"的侧面上，而且，对于一个领导力教练而言，我自以为这是可取的，甚至是可喜的。

我会落落大方地向我的客户声明，上述那些硬的方面，是我的"短项"。对这些短项，我现在还真有点不以为耻反以为荣的态度。我甚至可以大言不惭地把"姑息养奸"这个成语改个字用到自己头上，称自己这些年一直在"姑息养短"。

"养"的结果就是，这些年来，我的短项变得更短了。这也容易理解，用进废退嘛！我曾质疑这是不是一个问题，现在，我不感觉这里有丝毫问题！我还想为自己"辩解"：事物往往都是此消彼长的，我的短项若不变得更短，长项怎能变得更长？

自我觉察，是一场永无终点的长跑；"我是谁"（包括我到底擅长做什么，心底里究竟喜欢做什么），也许是世上最玄乎的谜。老话说，活到老，学到老。我加一句：活到老，探索自己到老。

小结一下：这些年来，总体上，我感觉自己是个幸福的人。当然，有关幸福的定义很多，我赞同的是：① 从事的工作有意义；② 工作过程中经常有愉悦感。辅导企业家在提升自我觉察的基础上加强领导力，其社会意义，我自以为，是怎么评估都不会太高或过高的。在影响有影响力的人的过程中，因为充满不确定性，充满神秘和挑战，我又收获了许多的惊喜和愉悦。这么说来，我不幸福谁幸福？朝闻道，夕死可矣！

提到"死"，几星期前，我参加了一个很有意思的被称作"死亡咖啡"的线上活动。说真的，到了我这个岁数，据说身体在任何时候都可能发生任何状况。况且，我的遗传基因还不太好，父母亲都因为癌症而在六七十岁时去世了。尽管如此，我想，老天让我再活上两三年，也许是个大概率事件？科技发达了，加上运气好，再活个二三十年，也不是完全没有可能的吧？

我的人生榜样，是一位异国的教练，他在 90 岁高龄时，还自己驾车来给我当时所在的进修班授课。95 岁时，还乐呵呵地为一个私董会小组当着教练。如今，女士长寿，好像不那么稀罕，但，他是个男士！记得当时我向他请教长寿秘诀，他说，一心一意为你的客户服务，除此以外，他没有别的秘诀可以传授！

最后，顺便向各位读者交代一下，这几年，我的朋友圈子里新人越来越多，而老人则越来越少了。像龙峰、陆嘉、敏雅、由嘉等，都是

"80 后"；还有几位既是客户，后又成了朋友的，如在中、文祥、乔徽、雯娟等，也是"80 后"。和他们在一起，我感觉自在、自如，没有什么"辈分差异"或曰"代沟"。前几天，他们中的某一位，甚至明目张胆地告诉我，我的"率真""直接"等行为表现，与我的年龄"严重不匹配"！由此，我是不是可以说，我虽然还没有"返老还童"，但我已经在路上了，"on the right track"！

还有一点也顺便向读者朋友"剧透"：我的人生将怎么"谢幕"，我已经"设计"好了。70 多岁（最好是 80 多岁）的某一天下午，张伟俊正在和一些企业家畅聊人生，突然，他的头垂了下去，眼睛也闭上了。当晚，朋友圈子里传开了：老顽童倒在他热爱的教练岗位上，无疾而终，没有痛苦（希望天如人愿）！

"墓志铭"，我也早就为自己写好了：据说，一些颇有建树的企业领导人，受到过他的影响。

张伟俊

领导力教练

2021 年 11 月

参考文献

［1］ 丛龙峰. 组织的逻辑［M］. 北京：机械工业出版社，2021.

［2］ 刘澜. 领导力的第一本书：听大师讲领导力［M］. 北京：机械工业出版社，
2016.

［3］ 德鲁克. 个人的管理［M］. 沈国华，译. 上海：上海财经大学出版社，2003.

［4］ 李书玲. 寻找规律：中国企业常见管理问题的本质理解与应对思路［M］. 北
京：机械工业出版社，2013.

［5］ 席西民，刘文瑞. 管理思想大系：领导与激励［M］. 北京：中国人民大学出
版社，2009.

［6］ 柯林斯. 从优秀到卓越［M］. 俞利军，译. 北京：中信出版社，2006.

［7］ 刘澜. 领导力的第二本书：从经典学领导力［M］. 北京：机械工业出版社，
2016.

［8］ 戈尔曼. 情商：为什么情商比智商更重要［M］. 杨春晓，译. 北京：中信出
版社，2010.

［9］ 伊丹敬之. 经营战略的内在逻辑：看不见资产的动力论［M］. 杨春明，译.
北京：中国审计出版社，1992.

［10］ 科特，科恩. 变革之心［M］. 刘祥亚，译. 北京：机械工业出版社，2013.

［11］ 丛龙峰. 2015年人力资源管理十大新趋势［J］. 商业评论，2015（2）：
58-71.

［12］ 古德史密斯，莱特尔. 习惯力：我们因何失败，如何成功？［M］. 刘祥亚，
译. 广州：广东人民出版社，2016.

[13] 本尼斯，托马斯. 极客与怪杰：领导是怎样炼成的［M］. 杨斌，译. 北京：机械工业出版社，2013.

[14] 吴晓波. 腾讯传［M］. 杭州：浙江大学出版社，2017.

[15] 费罗迪. 关键人才决策：如何成功搜猎高管［M］. 徐圣宇，康至军，译. 北京：机械工业出版社，2014.

[16] 风里. 五大品质：卓越领导力心理基因解码［M］. 上海：上海财经大学出版社，2009.

[17] 肯尼斯·霍博，威廉·霍博. 清教徒的礼物：那个让我们在金融废墟重拾梦想的馈赠［M］. 丁丹，译. 北京：东方出版社，2013.

[18] 楠木建. 战略就是讲故事：打造长青企业核心竞争力［M］. 崔永成，译. 北京：中信出版社，2012.

[19] 弗里斯. 悬崖边的能人组织［M］. 丁丹，译. 北京：东方出版社，2011.

[20] 江涛，丛龙峰. 新物种乐视：如果有一天它倒下我们还会想起什么［M］. 北京：华夏出版社，2016.

[21] 福列特. 福列特论管理［M］. 吴晓波，译. 北京：机械工业出版社，2007.

[22] 格鲁夫. 只有偏执狂才能生存［M］. 安然，张万伟，译. 北京：中信出版社，2013.

[23] 格鲁夫. 游向彼岸：安迪·格鲁夫自传［M］. 张春雨，译. 北京：中信出版社，2012.

[24] 黄铁鹰. 海底捞你学不会［M］. 北京：中信出版社，2011.

[25] 麦格雷戈. 企业的人性面［M］. 韩卉，译. 北京：中国人民大学出版社，2008.

[26] 稻盛和夫. 敬天爱人：从零开始的挑战［M］. 曹岫云，译. 北京：机械工业出版社，2016.

[27] 巴纳德. 经理人员的职能［M］. 王永贵，译. 北京：机械工业出版社，2007.

张伟俊发表在《财富》(中文版) 上的专栏文章

［1］ 张伟俊. 要想成就企业, 勒紧成就动机［J］. 财富 (中文版), 2010 (9).

［2］ 张伟俊. 要想成就企业, 勒紧成就动机 (续)［J］. 财富 (中文版), 2010 (10).

［3］ 张伟俊. 老板太亲和, 公司会衰落［J］. 财富 (中文版), 2010 (11).

［4］ 张伟俊. 给自己的影响力打个分［J］. 财富 (中文版), 2010 (4).

［5］ 张伟俊. 你不"分享", 他不"分担"［J］. 财富 (中文版), 2015 (2).

［6］ 张伟俊. 请你分享"当老板的感觉"［J］. 财富 (中文版), 2015 (6).

［7］ 张伟俊. 老板, 你究竟要什么?［J］. 财富 (中文版), 2012 (3).

［8］ 张伟俊. 董事长的自大与自卑［J］. 财富 (中文版), 2011 (4).

［9］ 张伟俊. 董事长眼里的"事"和"人"［J］. 财富 (中文版), 2011 (9).

［10］ 张伟俊. 董事长眼里的"事"和"人"(续)［J］. 财富 (中文版), 2011 (10).

［11］ 张伟俊. 总裁的"近见"与"远见"［J］. 财富 (中文版), 2011 (6).

［12］ 张伟俊. 价值观为什么没价值?［J］. 财富 (中文版), 2012 (10).

［13］ 张伟俊. 价值观为什么没价值? (续)［J］. 财富 (中文版), 2012 (11).

［14］ 张伟俊. "执行力"问题的实质是"领导力"［J］. 财富 (中文版), 2010 (7).

［15］ 张伟俊. 为冷冲突加温［J］. 财富 (中文版), 2010 (6).

［16］ 张伟俊. 张大哥难以复制, 海底捞可以学会［J］. 财富 (中文版), 2011 (8).

［17］ 张伟俊. 星巴克, 或许你也学不会［J］. 财富 (中文版), 2012 (5).

［18］ 张伟俊. "老板的屁股"［J］. 财富 (中文版), 2013 (5).

［19］ 张伟俊. 老板能力差, 企业多元化［J］. 财富 (中文版), 2013 (10).

［20］　张伟俊. 不愿过劳死，厘清怎么活 ［J］. 财富（中文版），2012（2）.

［21］　张伟俊. 凭什么让我对你"忠"［J］. 财富（中文版），2010（12）.

［22］　张伟俊. 老板你真的会听人说话吗?［J］. 财富（中文版），2011（2）.

［23］　张伟俊. 当企业遇到问题，该抱怨外部还是反思自身 ［J］. 财富（中文版），2015（1）.